道徳教育法
特別活動指導法

梨木昭平 著

大学教育出版

まえがき

　本書は教職科目「道徳教育の理論と方法」を履修する受講学生向けに書かれたものであるが、遠くない将来「道徳」が教科として扱われ、「道徳教育法」として履修が教職志望者に義務づけられることを懸念する立場からその指導方法を中心にまとめている。

　近年の教職志望者向けの道徳教育テキストには、道徳教育で心の領域を扱うことに批判的な文献も引用されている。国家や教育行政が学校教育の場において心の領域に立ち入ろうとすることに対しては十分な問題意識を持ってよいと筆者は考える。また、日本における道徳教育の歴史を戦前からの流れを踏まえて考察した場合、道徳教育そのものへの否定的な意見が存在することも自然なことであるとも考える。そして、世の中に道徳教育推進側の教育者と道徳教育批判側の教育者とが存在するとした場合、教職志望者が教員養成課程で接触するのが道徳教育推進側の見解ばかりであるという事態はアンバランスであるといえる。『「心のノート」逆活用法』（伊藤哲司　高文研　2004）のような観点で道徳授業をすすめながら一方で道徳への問題意識も尊重するような「道徳教育法」が構築されてもよいと筆者は判断するものである。

　学習指導要領の「道徳」では「あるべき姿」や「理想」が様々な観点から説明される。だが、現実のこの社会を生きる人間には理想とされる行動ができていない者も多い。それはなぜなのか。そのことについて他人事ではなく自分自身も深く考えていくような姿勢をこのテキストでは重視した。そのために、姉妹編である『教職概論・生徒指導論』『教職実践演習』とともに本書でも数多くの演習を設けた。

　例えば、学習指導要領「道徳」小学校〔第 1 学年及び第 2 学年〕1、主として自分自身に関すること。の最初の内容は（1）健康や安全に気を付

け，物や金銭を大切にし，身の回りを整え，わがままをしないで，規則正しい生活をする。である。

　本書の演習では上記のような「規則正しい生活」がもし実現できていないとするならば、それはどのような原因によるものかを教職志望者に問いかける。また、指導要領の内容を実際に現場で指導する場合に自分ならばどの項目を指導することに困難を感じるかを問いかけ、その結果もまとめている。

　類書には、道徳教育を戦前の「修身」と対比する観点からその歴史について詳しく説明したり、また倫理学の学問体系のなかで道徳を論じるようなものも多い。もちろんそのような見方も重要ではあるが、このテキストでは、実際に教育現場で道徳をどのように指導するのか ─ 道徳教育法 ─ ということに多くのページを割いた。このことは本書の第1の大きな特色である。

　第2の特色は、道徳教育の手段として用いることが勧められている「読み物」や「視聴覚教材」について多くの具体的教材をもとに論じた点である。本書ほど多くの教材を挙げている類書はあまりない。

　第3の特色は、養護教諭を含めて校務分掌との関わりから道徳教育と特別活動を論じた点である。生徒指導や保健指導との関連にも留意した。

　そして、姉妹編『教職概論・生徒指導論』『教職実践演習』と同じく「演習」や文学作品からの引用を取り込みながら教職志望者に焦点をしぼってまとめた点も特色である。

　「道徳教育」と同じく教職科目第4欄「実践に必要な理論および方法を修得させるための科目群」におさめられている「特別活動指導法」についても「実践」に留意しながら1章を確保して説明することができた。道徳教育と共通する要素も多い「特別活動」の理解にも役立つことを願う。

　　平成26年3月

　　　　　　　　　　　　　　　　　　　　　　　　　　　梨木昭平

道徳教育法・特別活動指導法

目　次

まえがき ………………………………………………………… 1

第1章 4つの視点 ………………………………………………… 7
　第1節　第1の視点 ── 主として自分自身に関すること ──　8
　第2節　第2の視点
　　　　 ── 主として他の人とのかかわりに関すること ──　13
　第3節　第3の視点
　　　　 ── 主として自然や崇高なものとのかかわりに関すること ──　17
　第4節　第4の視点
　　　　 ── 主として集団や社会とのかかわりに関すること ──　21

第2章 演習の解説 ………………………………………………… 32

第3章 文学教材とモラルジレンマ ………………………………… 46
　第1節　道徳教育にとっての文学　47
　第2節　小中学校の文学教材と道徳　50
　　（1）小学校5・6年の国語教材例 ── 宮沢賢治『やまなし』　50
　　（2）中学校の国語教材 ── 森鴎外『最後の一句』　55
　第3節　高等学校の文学教材と道徳　60
　　（1）夏目漱石『こころ』　60
　　（2）森鴎外『舞姫』　64
　　（3）芥川龍之介『羅生門』　65
　第4節　モラルジレンマ　70

第4章　特別活動と道徳 ……………………………………… 78
　第1節　「特別活動」「道徳」の変遷　　78
　　(1)　戦前の修身から「道徳」「特別活動」への流れ　　78
　　(2)　学習指導要領における「特別活動」「道徳」の変遷　　82
　　(3)　学校ドラマに見られる「道徳」の変遷　　90
　第2節　特別活動の具体的実践　　92
　　(1)　学級活動　　93
　　(2)　児童会・生徒会活動　　96
　　(3)　学校行事　　99
　第3節　校務分掌と道徳・特別活動　　108

補足資料── 特別活動の裁判例など ── ……………………… 115
あとがき ……………………………………………………… 121

凡　例

第1章については通読し、演習問題について自分自身の見解を是非考えてもらいたい。そのうえで第2章の解説も参考にして他人とも意見交換をしてもらいたい。
第3章については新項目である〈手がかり〉も参考にしてそれぞれの文学作品について自分自身の意見を持ち、そのうえで他人と意見交換をして欲しい。意見交換をするためのメモ欄を設けているので活用してもらいたい。
第4章については特に「ふりかえり」を重視した。やはり〈手がかり〉も参考にして自分自身の経験をふりかえり、そして他人の経験と比較検討する過程で自分の立ち位置を確認して欲しい。

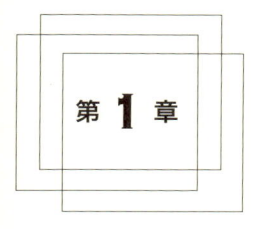

4つの視点

　『道徳　中学校指導要領解説』の「第5章　道徳の時間の指導」では、工夫例として視聴覚教材が何度も登場している。
　「第3節　学習指導の多様な展開」の「1学習指導課程の創意工夫（1）導入の工夫」では「単に生活体験を想起させて発表させるだけでなく、アンケート調査の結果等の資料を提示したり、資料に関する絵画や写真、VTR、DVDや小道具などを見せて視聴覚的に印象付けたりすることも効果的である」[1]とあり、「展開の工夫」の「ア　資料提示の工夫」では「読み物資料は教師の読み聞かせや生徒の朗読などが一般的な方法であるが、スライド、OHPシート、VTR、DVD等として提示したり、素材を録音による資料に構成して聞かせたりすることも効果的である。ねらいや生徒の実態に応じて繰り返し、あるいは部分的に見せたり聞かせたりして、学習指導過程を多様に構成することが、資料の内容を深く生徒に受け止めさせる上で効果的である」[2]とされている。さらに「3指導方法の創意工夫」の「（1）視聴覚機器の利用」でも「道徳の時間に利用される視聴覚機器には、テレビやVTR、DVD、ラジオや録音テープ、スライド、映画、OHPシート、写真等があり、指導内容が画像や音声などによって具体的な形で提示できるため、生徒の興味を高め、感性に強く訴え、理解を容易にすることができる」[3]とある。
　第1章では、4つの視点についてそれぞれ演習を考えるとともに、

DVDを中心として視聴覚教材の例を提示した。それらの反応や道徳授業実践上の課題については演習の解説とともに第2章で説明している。

また、あらためて第3章で説明しているように文学教材 ── 読み物も道徳教育では重視している。具体的な教材について小学校から高等学校まで第3章で紹介しているが、この第1章全体のまとめとして森鴎外『高瀬舟』をDVD教材と同時に作品の原文も紹介して、最後の演習として採用している。第3章への導入と理解いただけたらありがたい。

第1節　第1の視点 ── 主として自分自身に関すること ──

〔第1学年及び第2学年〕
(1) 健康や安全に気を付け、物や金銭を大切にし、身の回りを整え、わがままをしないで、規則正しい生活をする。
(2) 自分がやらなければならない勉強や仕事は、しっかりと行う。
(3) よいことと悪いことの区別をし、よいと思うことを進んで行う。
(4) うそをついたりごまかしをしたりしないで、素直に伸び伸びと生活する。

〔第3学年及び第4学年〕
(1) 自分でできることは自分でやり、よく考えて行動し、節度のある生活をする。
(2) 自分でやろうと決めたことは、粘り強くやり遂げる。
(3) 正しいと判断したことは、勇気をもって行う。
(4) 過ちは素直に改め、正直に明るい心で元気よく生活する。

〔第5学年及び第6学年〕
(1) 生活習慣の大切さを知り、自分の生活を見直し、節度を守り節制に心掛ける。
(2) より高い目標を立て、希望と勇気をもってくじけないで努力する。
(3) 自由を大切にし、自律的で責任のある行動をする。

(4) 誠実に、明るい心で楽しく生活する。
(5) 真理を大切にし、進んで新しいものを求め、工夫して生活をよりよくする。
(6) 自分の特徴を知って、悪い所を改めよい所を積極的に伸ばす。

〔中学校〕
(1) 望ましい生活習慣を身に付け、心身の健康の増進を図り、節度を守り節制に心掛け調和のある生活をする。
(2) より高い目標を目指し、希望と勇気をもって着実にやり抜く強い意志をもつ。
(3) 自律の精神を重んじ、自主的に考え、誠実に実行してその結果に責任をもつ。
(4) 真理を愛し、真実を求め、理想の実現を目指して自己の人生を切り拓いていく。
(5) 自己を見つめ、自己の向上を図るとともに、個性を伸ばして充実した生き方を追求する。

　道徳の授業については、各教科の授業に比すれば実際に将来自分自身が授業担当者になるという実感を受講生があまり持っていない場合が多い。小学校教員希望者よりも中学校教員志望者、さらに高校教員の希望者になると一層その傾向が強くなる。「どの項目の指導が難しいと考えるか」と問いかけてみることによって、受講者に実際に道徳授業担当者の立場になって考えてみることを促してみたい。それが**演習１**の意図である。
　また、もともとの学習指導要領（道徳編）では、〔第１学年及び第２学年〕について４つの視点の説明がすべてなされてから、〔第３学年及び第４学年〕に進み、その年齢に見合った４つの視点が再び順番に説明される、という形式で記述されている。
　本書では、第１の視点について小学生から中学生までの各年代でどのように説明されているかをまとめてから、その次に第２の視点について

また各年代についての説明を整理するという形式で編成を変更している。同一の視点のなかで、道徳授業対象の子どもたちに対する指導目標がどのように変わっているのかについても受講生自身に「気づき」を促したい。このことが**演習２**の意図である。

以下、第2節以降でも同じ意図のもとに同じ内容の演習を設けている。

演習１

上記の内容を学校で子どもたちに指導する場合に、あなた自身はどの項目の指導が難しいと考えるか。

-
-
-
-
-
-

演習２

「第１の視点」にもとづく学習指導要領の記載事項には、子どもの成長に伴ってどのような変化があるか。

-
-
-
-
-
-

演習3

(1) 小学校〔第1学年及び第2学年〕(1)「健康や安全に気を付け、物や金銭を大切にし、身の回りを整え、わがままをしないで、規則正しい生活」が実現できていない子どもがいたとすれば、そこにはどのような要因が考えられるか。

-
-
-
-
-
-

　中学校の (1)「望ましい生活習慣を身に付け、心身の健康の増進を図り、節度を守り節制に心掛け調和のある生活をする」について、中学校学習指導要領解説「道徳編」の「第3章　道徳の内容」の「第2節　内容項目の指導の観点」(p40) には「望ましい生活習慣を身に付けることは、心身の健康を増進し、気力と活力に満ちあふれた充実した人生を送る上で欠くことのできないもの」[4] で「心身を鍛え、調和のある生活をすることは人格形成にも深くかかわる」[5] が、その一方で、「現代社会においては環境や生活様式の変化も大きく、若者の欲望や衝動を刺激するものも少なくない」[6] と記述がある。「望ましい生活習慣」の重要さは認識しているが、「若者の欲望や衝動を刺激するもの」がひとつの原因となって規則正しい生活を送ることが困難になっている、というのが実態であると考えられる。

演習4

　「若者の欲望や衝動を刺激するもの」とは具体的にはどのようなものを指すのだろうか。（主に、中学生の場合）

-
-
-
-
-

演習5

　小学校〔第1学年及び第2学年〕(4)「うそをついたりごまかしをしたりしないで、素直に伸び伸びと生活する。」について、小学校学習指導要領「道徳編」の「第3章　道徳の内容」「第2節　内容項目の指導の観点」では「過ちや失敗はだれにも起こりうることである。そのときの自己保身的なうそやごまかしは、あくまでも一時しのぎ的なものであり、真の解決には至らず、他者の信頼を失うどころか、自分自身の中に後悔や自責の念、強い良心の呵責などが生じる」とあり、ここでは「自己保身的なうそ」が問題にされていることがわかる。

　うその中には、「自己保身」のものばかりではなく、現実には他者に配慮をする結果としてのうそも存在する。そのような例を考えてみよう。

-
-
-
-
-

第2節　第2の視点
　　── 主として他の人とのかかわりに関すること ──

〔第1学年及び第2学年〕
(1) 気持ちのよいあいさつ、言葉遣い、動作などに心掛けて、明るく接する。
(2) 幼い人や高齢者など身近にいる人に温かい心で接し、親切にする。
(3) 友達と仲よくし、助け合う。
(4) 日ごろ世話になっている人々に感謝する。

〔第3学年及び第4学年〕
(1) 礼儀の大切さを知り、だれに対しても真心をもって接する。
(2) 相手のことを思いやり、進んで親切にする。
(3) 友達と互いに理解し、信頼し、助け合う。
(4) 生活を支えている人々や高齢者に、尊敬と感謝の気持ちをもって接する。

〔第5学年及び第6学年〕
(1) 時と場をわきまえて、礼儀正しく真心をもって接する。
(2) だれに対しても思いやりの心をもち、相手の立場に立って親切にする。
(3) 互いに信頼し、学び合って友情を深め、男女仲よく協力し助け合う。
(4) 謙虚な心をもち、広い心で自分と異なる意見や立場を大切にする。
(5) 日々の生活が人々の支え合いや助け合いで成り立っていることに感謝し、それにこたえる。

〔中学校〕
(1) 礼儀の意義を理解し、時と場に応じた適切な言動をとる。
(2) 温かい人間愛の精神を深め、他の人々に対し思いやりの心をもつ。
(3) 友情の尊さを理解して心から信頼できる友達をもち、互いに励まし合い、高め合う。
(4) 男女は、互いに異性についての正しい理解を深め、相手の人格を尊重する。

(5) それぞれの個性や立場を尊重し、いろいろなものの見方や考え方があることを理解して、寛容の心をもち謙虚に他に学ぶ。
 (6) 多くの人々の善意や支えにより、日々の生活や現在の自分があることに感謝し、それにこたえる。

演習6

上記の内容を学校で子どもたちに指導する場合に、あなた自身はどの項目の指導が難しいと考えるか。

-
-
-
-
-
-

演習7

「第2の視点」にもとづく学習指導要領の記載事項には、子どもの成長に伴ってどのような変化があるか。

-
-
-
-
-
-

中学校の(4)「男女は、互いに異性についての正しい理解を深め、相手の人格を尊重する」の項目について「中学生の時期は、一般に異性に対する関心は強くなるが、生徒の心身の発達には個人差が大きく、学年が上がるにつれ、異性に対する感情や考え方にも大きな差異が見られる。また、異性に対する関心やあこがれは様々な形で現れる。意識的に異性を避けたり、また逆に異性の関心を誘うような態度をとったりすることもある。あるいは、様々なメディア等を通してもたらされる興味本位のゆがんだ情報や間違った性知識を無批判に受け入れ、様々な問題行動に至ることもある」[7]と説明がされている。このことについて考えてみたい。

演習8

「一般に異性に対する関心は強くなる」中学生の時期に、ときには問題行動に至らしめる「興味本位のゆがんだ情報や間違った性知識」とは、具体的にはどのようなものだろうか。

-
-
-
-
-
-

演習9

道徳教育担当のA先生は思春期の男女が「互いに異性についての正しい理解を深める」(中学校4－(4))という目的のために、次の資料のような文章を生徒全員で読み、感想を言い合うような試みをしました。生理についていろいろなとらえかたがあることを理解してみようというねらいで

す。このような試みに対して同僚からは様々な意見がありましたが、あなた自身はどのように考えますか。

〈資料〉
　もし自分にも生理がきたらそれから毎月、何十年も自分の希望にかかわらず出血し続けるのは恐ろしい気分になる。「女に生まれてきたからにはいつか子どもは生みたい」という考え方も私には「押し付け」のように感じられる。

-
-
-
-
-
-

演習10

　道徳教育担当のB先生は思春期の男女が「互いに異性についての正しい理解を深める」(中学校4-(4))という目的のために、「マスターベーションしてからデートに行くのは男性のエチケットといえる」ということについて感想を言い合う授業を構想しています。マスターベーションについて色々なとらえかたがあることを理解してみようというねらいです。このような試みに対して同僚からは様々な意見がありましたが、あなた自身はどのように考えますか。

-
-
-
-
-

第3節　第3の視点
—— 主として自然や崇高なものとのかかわりに関すること ——

〔第1学年及び第2学年〕
(1) 生きることを喜び、生命を大切にする心をもつ。
(2) 身近な自然に親しみ、動植物に優しい心で接する。
(3) 美しいものに触れ、すがすがしい心をもつ。

〔第3学年及び第4学年〕
(1) 生命の尊さを感じ取り、生命あるものを大切にする。
(2) 自然のすばらしさや不思議さに感動し、自然や動植物を大切にする。
(3) 美しいものや気高いものに感動する心をもつ。

〔第5学年及び第6学年〕
(1) 生命がかけがえのないものであることを知り、自他の生命を尊重する。
(2) 自然の偉大さを知り、自然環境を大切にする。
(3) 美しいものに感動する心や人間の力を超えたものに対する畏敬の念をもつ。

〔中学校〕
(1) 生命の尊さを理解し、かけがえのない自他の生命を尊重する。
(2) 自然を愛護し、美しいものに感動する豊かな心をもち、人間の力を超えたものに対する畏敬の念を深める。
(3) 人間には弱さや醜さを克服する強さや気高さがあることを信じて、人間として生きることに喜びを見いだすように努める。

演習11

　上記の内容を学校で子どもたちに指導する場合に、あなた自身はどの項目の指導が難しいと考えるか。

-
-
-
-
-

演習12

　「第3の視点」にもとづく学習指導要領の記載事項には、子どもの成長に伴ってどのような変化があるか。

-
-
-
-
-

視聴覚教材による演習① 食べているものに「いのち」があったことの確認
○『いのちの食べ方』2005年　92分　ニコラウス・ゲイハルター監督
　オープニングを除いたチャプターでは7番目の「豚がお肉になるまで」、16番目の「鶏がお肉になるまで」、17番目の「牛がお肉になるまで」は、それぞれ生きている動物がお肉に加工される過程が映像におさめられてお

り、それぞれの「お肉」にもともとは生命があったことを意識させる。特に牛の屠畜処理は、「電撃法」という方法で、頭部に衝撃を与え意識を失わせる場面もあり、衝撃的な部分もある。

|視聴覚教材による演習②| 豚の飼育から「いただくいのち」を実感する実践
○『ブタがいた教室』2008 年　109 分　前田哲監督

　1990 年に「子どもたちに命の大切さや、動物を育てることのむずかしさ、楽しさを体ごと学んでほしい」という漠然とした思いで、「大きくて存在感のある動物」として豚を教室で飼育するという取り組みをした教員がいる。この実践は 1992 年 6 月 7 日付の読売新聞で大きく報道され、「校内飼育の豚を食べよう　生きた命の教育」という見出しで、教員からの「最後にはみんなで食べよう」という提案がきっかけとなって、議論が行われたり、食や命の授業が始まったことが紹介された。最後の部分には、教員のコメントとして、「食べる勇気も必要だけど、食べない勇気も大切と児童から声があがり、少し肩の力が抜けました。主人公は子どもたち。いろいろな意見に感性の豊かさを感じています。結論を急がず、じっくりと話し合っていきたい」[8] と記されていた。

-
 -
  -
   -

|視聴覚教材による演習③| 妊娠・出産から「いのち」「生命」を考える

○『プルミエール　私たちの出産』2007 年　98 分　ジル・ド・メストル監督

　アメリカ、ロシア、フランス、ブラジル、インド、日本等世界 10 か国での妊娠・出産を映像におさめたドキュメンタリー。チャプターが 12 あるがそのうち 7 番目の「受け継がれるもの」では、医療に頼らない自然分娩の吉村医師が、4 番目の「現代の出産事情」では 1 日に 120 件以上のいのちを産み出す世界最大の病院での医療出産が紹介されており、対照的できる。その他にも「イルカとの水中出産」「極貧生活下でのいのちがけの出産」「出産直前まで踊ったダンサーの出産」等の様々な出産の様子がおさめられており、いのちの誕生について考える機会となる視聴覚教材といえる。河瀬直美監督によるドキュメンタリー映画『玄牝―げんぴん―』（2010 年）でも日本における自然分娩の吉村医師がとりあげられている。

-
 -
  -
   -
    -

|視聴覚教材による演習④| 様々な生き物のありかたから「いのち」を考える
○『ライフ　いのちをつなぐ物語』2011 年　88 分　マイケル・ガントン
　＆マーサ・ホームズ監督

　最新鋭カメラの導入により、創り手のこだわりと工夫が凝縮された映像によって動物たちの「いのち」のドラマを彼らの目線で描き出すことに成功している。「育てる」「食べる」「狩る」「生き残る」「愛する」の 5 つのパートに分かれているが、「育てる」のパートでのアザラシや「愛する」のパートのミズダコが子どもを思いやる親の姿を描いているので子どもたちにはわかりやすいだろう。

第 4 節　第 4 の視点
　　　── 主として集団や社会とのかかわりに関すること ──

〔第 1 学年及び第 2 学年〕
（1）約束やきまりを守り、みんなが使う物を大切にする。
（2）働くことのよさを感じて、みんなのために働く。
（3）父母、祖父母を敬愛し、進んで家の手伝いなどをして、家族の役に立つ喜びを知る。
（4）先生を敬愛し、学校の人々に親しんで、学級や学校の生活を楽しくする。
（5）郷土の文化や生活に親しみ、愛着をもつ。

〔第3学年及び第4学年〕
(1) 約束や社会のきまりを守り、公徳心をもつ。
(2) 働くことの大切さを知り、進んでみんなのために働く。
(3) 父母、祖父母を敬愛し、家族みんなで協力し合って楽しい家庭をつくる。
(4) 先生や学校の人々を敬愛し、みんなで協力し合って楽しい学級をつくる。
(5) 郷土の伝統と文化を大切にし、郷土を愛する心をもつ。
(6) 我が国の伝統と文化に親しみ、国を愛する心をもつとともに、外国の人々や文化に関心をもつ。

〔第5学年及び第6学年〕
(1) 公徳心をもって法やきまりを守り、自他の権利を大切にし進んで義務を果たす。
(2) だれに対しても差別をすることや偏見をもつことなく公正、公平にし、正義の実現に努める。
(3) 身近な集団に進んで参加し、自分の役割を自覚し、協力して主体的に責任を果たす。
(4) 働くことの意義を理解し、社会に奉仕する喜びを知って公共のために役に立つことをする。
(5) 父母、祖父母を敬愛し、家族の幸せを求めて、進んで役に立つことをする。
(6) 先生や学校の人々への敬愛を深め、みんなで協力し合いよりよい校風をつくる。
(7) 郷土や我が国の伝統と文化を大切にし、先人の努力を知り、郷土や国を愛する心をもつ。
(8) 外国の人々や文化を大切にする心をもち、日本人としての自覚をもって世界の人々と親善に努める。

〔中学校〕
(1) 法やきまりの意義を理解し、遵（じゅん）守するとともに、自他の権利を重んじ義務を確実に果たして、社会の秩序と規律を高めるように努める。

(2) 公徳心及び社会連帯の自覚を高め、よりよい社会の実現に努める。
(3) 正義を重んじ、だれに対しても公正、公平にし、差別や偏見のない社会の実現に努める。
(4) 自己が属する様々な集団の意義についての理解を深め、役割と責任を自覚し集団生活の向上に努める。
(5) 勤労の尊さや意義を理解し、奉仕の精神をもって、公共の福祉と社会の発展に努める。
(6) 父母、祖父母に敬愛の念を深め、家族の一員としての自覚をもって充実した家庭生活を築く。
(7) 学級や学校の一員としての自覚をもち、教師や学校の人々に敬愛の念を深め、協力してよりよい校風を樹立する。
(8) 地域社会の一員としての自覚をもって郷土を愛し、社会に尽くした先人や高齢者に尊敬と感謝の念を深め、郷土の発展に努める。
(9) 日本人としての自覚をもって国を愛し、国家の発展に努めるとともに、優れた伝統の継承と新しい文化の創造に貢献する。
(10) 世界の中の日本人としての自覚をもち、国際的視野に立って、世界の平和と人類の幸福に貢献する。

演習13

上記の内容を学校で子どもたちに指導する場合に、あなた自身はどの項目の指導が難しいと考えるか。

-
-
-
-
-
-

演習14

「第4の視点」にもとづく学習指導要領の記載事項には、子どもの成長に伴ってどのような変化があるか。

-
-
-
-
-
-
-

演習15

第4の視点は4つの視点のなかで最も項目数が多い。そして、全学年を通じて「父母、祖父母を敬愛」「先生（教師）への敬愛」ということが強調されている。このことについて、自分自身の経験等をもとにして自由に意見を書きなさい。

-
-
-
-
-
-
-

第 1 章　4 つの視点　25

> 視聴覚教材による演習⑤　日本の伝統文化の例として寄席を考える

○『日本文化の源流 第 6 巻 地域と文化』「昭和・高度成長直前の日本で」
　2010 年　85 分

　江戸情緒豊かな寄席。東京日本橋人形町の「末広」の高座にあがる人々を中心に江戸芸能を修行する若い芸人たちやその生活ぶりを描く。「蕎麦を食べる」仕草をどのように表現するか練習しているシーンや、獅子舞や三味線等も興味深い。

・
・
・
・
・

> 視聴覚教材による演習⑥　原爆投下を題材に「国際社会の中での日本」を考える

○『ヒロシマ・ナガサキ』2007 年　86 分　スティーブン・オカザキ監督

　4 番目のチャプターのタイム社製作「敵国日本」（アメリカ海軍向け映画）や 5 番目のチャプター「戦時下の日本」では当時のアメリカから見た日本が映像におさめられており興味深い。世界の中での日本の位置を考えると同時に、例えばチャプター 10 番目の「死ぬ勇気と生きる勇気」で被爆者の方々が死との境界で懸命に行き続けてきた姿は「いのち」を考える機会ともなる。

・
・

-
-
-
-

|視聴覚教材による演習⑦| 他国の学校との対比から「国際的視野」で日本の学校の特性を考える

○『パリ20区、僕たちのクラス』2008年　129分　ローラン・カンテ監督　2008年度カンヌ国際映画祭　パルム・ドール受賞映画

　最初のチャプター「波乱含みの新学期初日」では、授業になかなか集中しようとしない子どもたちと教師との応酬が描かれている。4番目のチャプター「成功？失敗？自己紹介文」ではそうした子どもたちになんとかして自己紹介文を書かせようという試みが、8番目のチャプターでは日本の「特別指導会議」に該当するのであろう「懲罰会議」の様子が映像におさめられており、日本の学校教育との対比が興味深い。

-
-
-
-
-
-

第 1 章　4 つの視点　27

|視聴覚教材による演習⑧|「法やきまり」や「安楽死」「思いやり」の問題
○『高瀬舟』BUNGO　日本文学シネマ　2010 年　30 分　冨樫森監督
　日本を代表する文豪たちの短編小説を元にした「BUNGO」シリーズの『高瀬舟』。罪人を島に送る船に、弟殺しの罪で捕らえられた喜助という男が乗り込む。護送役の羽田庄兵衛は、彼の晴れやかな顔が気になり訳を尋ねると、喜助は事件の真相を語り始める。

〈原文〉
　庄兵衛は少し間(ま)の悪いのをこらえて言った。「いろいろの事を聞くようだが、お前が今度島へやられるのは、人をあやめたからだという事だ。おれについでにそのわけを話して聞せてくれぬか。」
　喜助はひどく恐れ入った様子で、「かしこまりました」と言って、小声で話し出した。「どうも飛んだ心得違いで、恐ろしい事をいたしまして、なんとも申し上げようがございませぬ。あとで思ってみますと、どうしてあんな事ができたかと、自分ながら不思議でなりませぬ。全く夢中でいたしましたのでございます。わたくしは小さい時に二親(ふたおや)が時疫(じえき)でなくなりまして、弟と二人(ふたり)あとに残りました。初めはちょうど軒下に生まれた犬の子にふびんを掛けるように町内の人たちがお恵みくださいますので、近所じゅうの走り使いなどをいたして、飢え凍えもせずに、育ちました。次第に大きくなりまして職を捜しますにも、なるたけ二人が離れないようにいたして、いっしょにいて、助け合って働きました。去年の秋の事でございます。わたくしは弟といっしょに、西陣(にしじん)の織場(おりば)にはいりまして、空引(そらび)きということをいたすことになりました。そのうち弟が病気で働けなくなったのでございます。そのころわたくしどもは北山(きたやま)の掘立小屋(ほったてこや)同様の所に寝起きをいたして、紙屋川(かみやがわ)の橋を渡って織場へ通っておりましたが、わたくしが暮れてから、食べ物などを買って帰ると、弟は待ち受けていて、わたくしを一人(ひとり)でかせがせてはすまないすまないと申しておりました。ある日いつものように何心なく帰って見ますと、弟はふとんの上に突っ伏していまして、周囲(まわり)は血だらけなのでございます。わたくしはびっくりいたして、手に持っていた竹の皮包みや何かを、そこへおっぽり出して、そばへ行って『どうしたどうした』と申しました。すると

弟はまっ青な顔の、両方の頰からあごへかけて血に染まったのをあげて、わたくしを見ましたが、物を言うことができませぬ。息をいたすたびに、傷口でひゅうひゅうという音がいたすだけでございます。わたくしにはどうも様子がわかりませんので、『どうしたのだい、血を吐いたのかい』と言って、そばへ寄ろうといたすと、弟は右の手を床に突いて、少しからだを起こしました。左の手はしっかりあごの下の所を押えていますが、その指の間から黒血の固まりがはみ出しています。弟は目でわたくしのそばへ寄るのを留めるようにして口をききました。ようよう物が言えるようになったのでございます。『すまない。どうぞ堪忍してくれ。どうせなおりそうにもない病気だから、早く死んで少しでも兄きにらくがさせたいと思ったのだ。笛を切ったら、すぐ死ねるだろうと思ったが息がそこから漏れるだけで死ねない。深く深くと思って、力いっぱい押し込むと、横へすべってしまった。刃はこぼれはしなかったようだ。これをうまく抜いてくれたらおれは死ねるだろうと思っている。物を言うのがせつなくっていけない。どうぞ手を借して抜いてくれ』と言うのでございます。弟が左の手をゆるめるとそこからまた息が漏れます。わたくしはなんと言おうにも、声が出ませんので、黙って弟の喉の傷をのぞいて見ますと、なんでも右の手に剃刀を持って、横に笛を切ったが、それでは死に切れなかったので、そのまま剃刀を、えぐるように深く突っ込んだものと見えます。柄がやっと二寸ばかり傷口から出ています。わたくしはそれだけの事を見て、どうしようという思案もつかずに、弟の顔を見ました。弟はじっとわたくしを見詰めています。わたくしはやっとの事で、『待っていてくれ、お医者を呼んで来るから』と申しました。弟は恨めしそうな目つきをいたしましたが、また左の手で喉をしっかり押えて、『医者がなんになる、あゝ苦しい、早く抜いてくれ、頼む』と言うのでございます。わたくしは途方に暮れたような心持ちになって、ただ弟の顔ばかり見ております。こんな時は、不思議なもので、目が物を言います。弟の目は『早くしろ、早くしろ』と言って、さも恨めしそうにわたくしを見ています。わたくしの頭の中では、なんだかこう車の輪のような物がぐるぐる回っているようでございましたが、弟の目は恐ろしい催促をやめません。それにその目の恨めしそうなのがだんだん険しくなって来て、とうとう敵の顔をでもにらむような、憎々しい目に

なってしまいます。それを見ていて、わたくしはとうとう、これは弟の言ったとおりにしてやらなくてはならないと思いました。わたくしは『しかたがない、抜いてやるぞ』と申しました。すると弟の目の色がからりと変わって、晴れやかに、さもうれしそうになりました。わたくしはなんでもひと思いにしなくてはと思ってひざを撞くようにしてからだを前へ乗り出しました。弟は突いていた右の手を放して、今まで喉を押えていた手のひじを床に突いて、横になりました。わたくしは剃刀の柄をしっかり握って、ずっと引きました。この時わたくしの内から締めておいた表口の戸をあけて、近所のばあさんがいって来ました。留守の間、弟に薬を飲ませたり何かしてくれるように、わたくしの頼んでおいたばあさんなのでございます。もうだいぶ内のなかが暗くなっていましたから、わたくしにはばあさんがどれだけの事を見たのだかわかりませんでしたが、ばあさんはあっと言ったきり、表口をあけ放しにしておいて駆け出してしまいました。わたくしは剃刀を抜く時、手早く抜こう、まっすぐに抜こうというだけの用心はいたしましたが、どうも抜いた時の手ごたえは、今まで切れていなかった所を切ったように思われました。刃が外のほうへ向いていましたから、外のほうが切れたのでございましょう。わたくしは剃刀を握ったまま、ばあさんのはいって来てまた駆け出して行ったのを、ぼんやりして見ておりました。ばあさんが行ってしまってから、気がついて弟を見ますと、弟はもう息が切れておりました。傷口からはたいそうな血が出ておりました。それから年寄衆がおいでになって、役場へ連れてゆかれますまで、わたくしは剃刀をそばに置いて、目を半分あいたまま死んでいる弟の顔を見詰めていたのでございます。」

　少しうつ向きかげんになって庄兵衛の顔を下から見上げて話していた喜助は、こう言ってしまって視線をひざの上に落とした。

　喜助の話はよく条理が立っている。ほとんど条理が立ち過ぎていると言ってもいいくらいである。これは半年ほどの間、当時の事を幾たびも思い浮かべてみたのと、役場で問われ、町奉行所で調べられるそのたびごとに、注意に注意を加えてさらってみさせられたとのためである。

　<u>庄兵衛はその場の様子を目のあたり見るような思いをして聞いていたが、これがはたして弟殺しというものだろうか、人殺しというものだろうかとい</u>

う疑いが、話を半分聞いた時から起こって来て、聞いてしまっても、その疑いを解くことができなかった。弟は剃刀(かみそり)を抜いてくれたら死なれるだろうから、抜いてくれと言った。それを抜いてやって死なせたのだ、殺したのだとは言われる。しかしそのままにしておいても、どうせ死ななくてはならぬ弟であったらしい。それが早く死にたいと言ったのは、苦しさに耐えなかったからである。喜助はその苦(く)を見ているに忍びなかった。苦から救ってやろうと思って命を絶った。それが罪であろうか。殺したのは罪に相違ない。しかしそれが苦から救うためであったと思うと、そこに疑いが生じて、どうしても解けぬのである。

　庄兵衛の心の中には、いろいろに考えてみた末に、自分よりも上のものの判断に任すほかないという念、オオトリテエに従うほかないという念が生じた。庄兵衛はお奉行様の判断を、そのまま自分の判断にしようと思ったのである。そうは思っても、庄兵衛はまだどこやらにふに落ちぬものが残っているので、なんだかお奉行様に聞いてみたくてならなかった。

　次第にふけてゆくおぼろ夜に、沈黙の人二人を載せた高瀬舟は、黒い水の面(おもて)をすべって行った。

　　　　　　　　　　　　　底本：『山椒大夫・高瀬舟』岩波文庫

|最終演習|

　筆者による傍線部分も手がかりにしながら、この作品を道徳的に「4つの視点」から論じなさい。

-
-
-
-
-
-

引用文献
1）文部科学省「中学校学習指導要領解説　道徳編」2008　p88
2）文部科学省「中学校学習指導要領解説　道徳編」2008　p89
3）文部科学省「中学校学習指導要領解説　道徳編」2008　p93
4）5）6）文部科学省「中学校学習指導要領解説　道徳編」2008　p40
7）文部科学省「中学校学習指導要領解説　道徳編」2008　p48
8）黒田恭史『豚のPちゃんと32人の小学生』ミネルヴァ書房　2003　p97

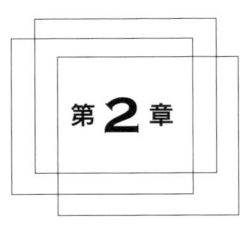

演習の解説

演習1の解説

　中学生の（4）「真理を愛し、真実を求め、理想の実現を目指して自己の人生を切り拓いていく」が比較的上位に来る場合が多い。実際に指導する立場になった場合を想像すると「真理」「真実」という抽象的でとらえどころのないものを子どもたちに教えていくことには様々な困難があると判断されたのだろう。中学生の（1）「望ましい生活習慣を身に付け、心身の健康の増進を図り、節度を守り節制に心掛け調和のある生活をする」〔第5学年及び第6学年〕の（1）「生活習慣の大切さ」については、指導が困難だとするものと容易であるとするものとが両方とも多めにあらわれる。規則正しい生活習慣の重要性は認識されている一方で、実際に規則正しい生活をしているものにとっては容易な課題であり、不規則な生活をしているものを規則正しくあらためていくことには相当な困難を伴うことを想像しているのだろう。

　また、〔第3学年及び第4学年〕の（3）「正しいと判断したことは、勇気をもって行う」という記載があるが、例えば「タバコのポイ捨て」をした大人の不正を子どもが指摘した場合に、かえって相手の大人を興奮させて子どもが被害を受けるような事態はないのか等そのままの行動を子どもが実行した場合の不安が受講生に存在する。

演習2の解説

「基本的生活習慣」には学年が上がると「節度」（第3・4学年）さらに「節制」（第5・6学年以降）の要素が付加されていく。

「勤勉」には「向上心」（より高い目標 — 第5・6学年）の要素が付加される。

「自律」には「自律」（中学校）の要素が付加される。

「真理愛」という考え方は小学校5・6学年以降に登場する。

小学校5・6学年以降には「個性の伸長」という要素が付加される。

演習3の解説

例えば、ひとり親家庭の場合や両親が不仲であったり病気であったりすると、保護者による子どものケアが不十分な場合が珍しくない。また保護者の勤務時間が不規則な場合もあり、そうした家庭では食事の時間や就寝の時間が不規則になってしまう。そのような家庭で「わがままをしないで、規則正しい生活」を当事者の子どもが実現しようと考えても現実的に不可能な場合もある。保護者のケアがない状態で「規則正しい生活」「生活習慣」が担保されるのかという問題は重要である。携帯のゲームだけを与えておいて子どもを放置したり、まともな食事を準備しないでお菓子や間食ですませているような保護者は実際に存在する。

「主として自分自身に関わること」の範疇に「規則正しい生活」が入っているが、各々の家庭状況次第で「自分自身」の力では達成できない場合もあるので、道徳指導者にはそうした側面に留意が必要である。また、子どもたちのプライバシーに関わる部分でもあるので、実際の教室では不規則な生活の要因を聞き出す作業は慎重にする必要がある。

演習4の解説

　例えばゲームの存在は大きい。個人で手軽に遊ぶことのできるゲームの普及は、時間等の限度を定めないと深夜遅くまで際限なく遊び続ける結果にもなる。中学生ともなれば深夜徘徊することも「欲望や衝動を刺激」するだろう。結果的に薬物等の危険な領域に接近する可能性もある。その結果として、遅刻が増えることがあれば学校現場では生活指導の領域で、健康を害すれば保健指導の領域で対応することになる。

　また、「厚生労働省　国民健康・栄養調査」によれば朝食を食べていない子どもの割合について、「男子の7－14歳」を例にすると2006年に5.8％　以降　2011　5.9％まで途中6％以上もあり大きな変化はない

　「女子の15－19歳」については2008年10.5％、2009年11.4％、2010年12.5％、2011年13.3％と微増している。この数字の背景には思春期女子の痩せたい願望があることが懸念される。こうした願望も、健康面から考えて間違った「欲望や衝動」といえるのかもしれない。生活習慣のひとつとして「朝食」を考えた場合に近年状況が改善されているわけではない。

演習5の解説

　知人や親につくってもらった料理が、あまり自分にとってはおいしくはなかったが、そのまま「まずい」と表現すると相手が気を悪くするかと思い、「おいしかった」と感想を言った。患者の本当の病名をそのまま伝えてもよいのか等々、事実をそのまま相手に伝えることが、相手にとってよくないのではないかと気遣う場面は様々に考えられる。「相手が気を悪くする」ことを避けるために嘘をつくというのは日本人的な発想なのかもしれない。「嘘も方便」という言葉の意味を受講生とともに考えるのもよい。

　他人との関係性のなかで「うそ」が形成されることも多いはずだが、第1の視点（自分自身に関すること）におさめられていることの是非につい

ても議論したい。

演習6の解説

　中学生の (4)「互いに異性についての正しい理解を深める」という項目を不安に感じる受講生は少なくない。女性である受講者にとっては正しい男性理解というものがどのようなものかを明確にイメージしにくい部分があるし、男性にとっては女性の正しい理解というものがわかりにくいだろう。また、〔第5学年及び第6学年〕の (4)「謙虚な心」「広い心」中学生の (5)「それぞれの個性や立場を尊重し、いろいろなものの見方や考え方があることを理解して、寛容の心をもち謙虚に他に学ぶ」については、自分自身にとっても「謙虚さ」「広い心」「寛容の心」を持つことがなかなか実現できないことなのに、人に教えていくのはいっそう難しいという意見がある。

演習7の解説

　「友情」には「第5・6学年」で「男女仲よく」が付加され、さらに「中学生」では「互いに異性についての正しい理解」と詳しく説明されている。
　「小学校5・6年」から「謙虚・寛容」が付加される
　感謝を持つ対象の人間について〔第3学年及び第4学年〕のみ「高齢者」が具体的に登場している。

演習8の解説

　「ゆがんだ情報や間違った性知識」の最も露骨な例はアダルトビデオであろう。暴力的に女性と性的接触を持つことが肯定的なものとして描かれる内容が珍しくはない。しかも、映像の見た目だけでは避妊等もされておらず、性のありかたが極めて男性本位に演出されており、インターネットで誰もが容易に動画を見ることが出来るようになった結果、青少年に与え

る影響は甚大である。

　具体的に「デートDV」等に結びつく可能性もある。「暴力を甘くみる風潮が社会に満ちているだけでなく、男の子たちが攻撃的、暴力的になるようあおるような風潮」[1]のひとつとしてアダルトビデオをとらえることもできる。女性蔑視の言動が満ち溢れている映像も問題にされなければならない。

　「ジェンダーを疑いもなく信じて無自覚に相手に押し付けると、DV行動につながりやすい」[2]という観点から考えれば「頼りたい、守られたい、甘えたい、そういうのが可愛い女の子である」という女性の感覚が男性側の「間違った性知識」を強化してしまう現状もあるだろう。

　「一般に異性に対する関心は強くなる」ことを受けて、「心のノート」には「好きな異性がいるのは自然」というページがあるが、「好きな同性がいるのは自然ではない」[3]という裏のメッセージを含む一面もあり、「同性愛」の生徒にとっては配慮に欠ける要素もある。

　「同性愛」の人たちに対する社会の偏見の目についても、もちろん配慮すべき事項だといえる。

演習9の解説

　やや露骨な一面もあるが、「異性理解」の素材としてこの資料を活用することには肯定的な意見が多い。男女別々に授業をした方がよいという意見も一方では存在するが、女子全般としては「月経について男子が中途半端に理解してふざけたりからかったりすることは嫌であるが、きちんとした理解を男子の方もして欲しい」という心情はある。「生理中の痛みや違和感またそれに対する処置の負担」から否定的なイメージを持つ女生徒に対して、「赤ちゃんをつくることのできる性」として肯定的にとらえる方向づけを教育の場ですることも自然であるし、そうした方向づけの「「押しつけ」に対して反発を感じる上記のような女生徒の反応が存在すること

もまた自然といえる。川上未映子の小説『乳と卵』は参考になる。

演習 10 の解説

　男性の性的欲求を他人に押しつけて迷惑をかけるのではなく、自分自身で処理するということをエチケットとしてとらえるのかどうかがポイントとなってくる。村上春樹の小説『ノルウエーの森』にはデートの前にマスターベーションをする大学生が登場する。礼儀としてのマスターベーション――衝動的性行動を抑制するためのマスターベーションというものがもし存在するとのだしたら「異性についての理解」に結びつく部分もあるのかもしれない。あくまでも話し合いの材料である。

演習 11 の解説

　〔第 5 学年及び第 6 学年〕の「(3) 美しいものに感動する心」や〔中学校〕「自然を愛護し、美しいものに感動する豊かな心」を教えることに対して難しさを感じる者が多い。生命の尊さや貴重さについては、ある程度子どもにも大人にも共通認識があるだろうが、自分が「感動」したとしてもその「感動」を子どもと共有できるかどうかは未知数である。子どもと教員とでは年齢の違いや文化の違いもあり、「感動する心」の程度にも相当な差異が存在するだろう。「心」と同様に「人間として生きることに喜び」についても受講生自身が実感できていない場合もある。〔中学校〕「人間の力を超えたものに対する畏敬の念」についてもイメージしにくい受講生が多い。

演習 12 の解説

　基本的に生命尊重が基底にあり、自然愛に「中学校」から「畏敬の念」が付加される。
　「弱さや醜さを克服する強さや気高さ」を信じることを前提に「人間と

して生きることに喜びを見いだす」ことを目標とすることが中学校で付け足される。「人間愛」や「生きる喜び」へと一般化されている。

> 視聴覚教材による演習①の解説

　チャプターで選択するとすれば「牛がお肉になるまで」と「豚がお肉になるまで」が特に印象的である。特に「電撃」から逃れようとする牛の動きや、意識を失ったときの動物の表情。豚の場合は内臓が切り取られて運ばれていく場面等が衝撃的であり、子どもたちに見せる場合は、はやくても中学生以上がよいのではないかという意見が多い。実際の屠畜現場では動物たちの悲鳴やにおい等も強烈に存在しているのだろうと想像される。ふだん食べているお肉がどのような過程を経て販売されるに至っているかを知ることは、動物たちの「いのち」の貴重さを認識するきっかけにはなり得る。

　　　このドキュメンタリーは、現代的食糧生産の現場を映すことで、食卓に並ぶ料理がかつて生き物であったことを思い起こさせてはくれる。しかし食料工場の無機的な映像からは、それらの生き物にあるべき「生命の尊さ」らしきものを感じることは難しかった[4]。

　上記の指摘にもあるように、「生命の尊さ」を感じることは困難かもしれないが、店頭で販売されているお肉には確かに生命があったのだということは認識させてくれるのである。

> 視聴覚教材による演習②の解説

　教員自身は「反論の手紙が届くことは少し予想していたが、正直ここまで明確に否定されているとは考えてもいなかった。学校のなかで同僚の教師と話しているとき、そこまでの意見を言う教師は一人もいなかった。子どもの気持ちを大事にするという点は共通であったし、結末に対する思いの相違は若干あったのが、食べるということに真っ向から反論する意見に

出会ったことはなかった」[5]と記している。学生の中でも大きく意見の分かれる可能性もある。この実践に取り組む直前に実践者である黒田先生の父親が亡くなるというできごとがあった。実践者の意図のひとつは間違いなく「いのちの教育」にあったのである。

> 父のことが、豚を飼うことや、私が生と死の問題にのめり込むようになったことと、無関係だったとは言えない。むしろ、父の生と死の闘いがあったからこそ、私はそれに立ち向かおうとしたと言える。父の死に直面して、はたと気づいたことがある。それは、私がこれまでの教育の中で、死を全く学んでこなかったということである。だから、死に直面したとき、何をどう考えてよいのかわからず、自分の中の羅針盤がぐるぐる回転するばかりであった。もちろん、誰しも間近な人の死に直面すれば、うろたえたり、呆然としてしまったりする。しかし、そんなことではなく、なぜかあまりにも死をタブー視してきたこれまでの自分の生き方に、どこかしら現在の教育の落とし穴があるように感じるようになってきていたのである。死と真っ正面から向き合ってみたい、それを教育で行うことに次第に私は意味を感じるようになっていた[6]。

この実践では「いのちに向き合う」という教育目標と同時に「子どもたちの主体性・意志を尊重して取り組みをすすめる」という教育法方も重なりながらすすめられており、極めて特色ある取り組みである。視聴覚教材①と関連させながら考察したいが、映像ではなく実際の屠畜現場を見た場合の小学校高学年の子どもの衝撃は強烈なものだろう。

視聴覚教材による演習③の解説

国や文化による出産の違いがよくわかるが、どの国の妊婦も命がけの作業であることに違いはない。女性たちの表情が印象的である。一人の妊婦の事実経過が細かく分割され、編集されているので授業で扱う場合には特定の女性だけを上映するようなやり方は少し難しい。出産という営みに関わる負担や感動を共有することにより、生命のはじまりの部分から「いの

ち」の貴重さを考察するのにふさわしい映画である。妊娠・出産を扱った比較的最近の作品としては『コドモのコドモ』や『おぎゃあ』もあるが、まとめて資料として紹介する。

視聴覚教材による演習④の解説

　冒頭の南極ウェッデルアザラシが極寒のなかで出産と子育てをしている様子だけでも「いのち」について考える重要な機会になるだろう。自分のからだで卵をまもり、その孵化を見届けてから死ぬミズダコの母親の生態等のように動物の母親と子どもとの関係に焦点を当てた映像も多く、「自然や崇高なもの」というテーマになじむ映画といえる。

演習13の解説

　「(3) 正義を重んじ、だれに対しても公正、公平にし、差別や偏見のない社会の実現に努める」や「(8) 外国の人々や文化を大切にする心をもち、日本人としての自覚をもって世界の人々と親善に努める」が多い。実態としてはこの世の中には様々な「差別や偏見」が存在しているので、それらを完全に無くしてかつ「正義を重視し、だれに対しても公正・公平にする」のは至難の業である。また、「日本人としての自覚」を常日頃から意識している受講生は決して多くはない。

> 　気になるのは、「日本人としての自覚」という表現である。日本の国内で公教育を受ける児童生徒の中には、外国籍の子どももいる。そうした子どもたちにも、「日本人としての自覚」を要請することがここに記されているのであろうか。そうしたことに対する配慮がないとすれば、指導要領そのものが、そこに記されている「国際的視野」になど立っていないということになりはしないか[7]。

　上記の引用にもあるように日本国内で公教育を受ける児童生徒の中には外国籍の子どもも少なからず存在している。たとえ少数の生徒であるとし

ても配慮をすることこそが「だれに対しても公正、公平」という姿勢になるものだと考える。

演習 14 の解説

「法の遵守」や「規範意識」が基底にある。「父母、祖父母を敬愛」「先生(教師)への敬愛」という表現は〔第 1 学年及び第 2 学年〕から〔中学校〕まですべての項目に登場する。また、「働くこと」「勤労」の尊重も全学年にわたって明記されている。

第 2 の視点〔第 3 学年及び第 4 学年〕で登場していた「高齢者」が〔中学校〕(8) で再登場し、やはり感謝を持つ対象とされている。

「郷土愛」の項目が〔第 1 学年及び第 2 学年〕では「(5) 郷土の文化や生活に親しみ、愛着をもつ」とあったものが〔第 3 学年及び第 4 学年〕では「(5) 郷土の伝統と文化を大切にし、郷土を愛する心をもつ」と「(6) 我が国の伝統と文化に親しみ、国を愛する心をもつとともに、外国の人々や文化に関心をもつ」とに細分化され「我が国の伝統と文化」「国を愛する心」と愛国心が強調される。〔第 5 学年及び第 6 学年〕ではさらに「(7) 郷土や我が国の伝統と文化を大切にし、先人の努力を知り、郷土や国を愛する心をもつ」「(8) 外国の人々や文化を大切にする心をもち、日本人としての自覚をもって世界の人々と親善に努める」となり「日本人」ということが強調され劇的に変化していく。〔中学校〕ではさらに「(9) 日本人としての自覚をもって国を愛し、国家の発展に努めるとともに、優れた伝統の継承と新しい文化の創造に貢献する」「(10) 世界の中の日本人としての自覚をもち、国際的視野に立って、世界の平和と人類の幸福に貢献する」2 か所にわたって「日本人としての自覚」が重視されている。

演習15の解説

　小学校・中学校・高校をふりかえった場合、まず、受講生自身の経験として「ひとり親」家庭の知人がゼロということは、まずあり得ないのではないだろうか。離婚・事故その他の事情で結果としてひとり親家庭となっている割合は高くなってきている。また、児童虐待傾向の親もいるかもいたかもしれないし、受講生自身が自分の親との関係が円滑ではないかもしれない。「先生（教師）への敬愛」にも同様のことがいえる。あってはならないことであるが、「問題教員」の傾向のある教師がいたかもしれない。体罰や暴言に近い言葉を発した教師が原因で、心に傷を負っている子どももいるかもしれないのである。

> 　何らかの事情で離婚した親を持つ子などもいるでしょうし、あえて自ら選んでシングルマザーとなった母親を持つ子も、これからは増えてくるのかもしれません。「家族」にもいろいろな形がありうることを、高学年の子どもたちなら理解できることでしょう[8]。

　上記の記述にもあるように、まさしく「家族」にはいろいろな形があるのである。「心のノート」でも「家族を敬愛」することが当然のこととして記述されている。

> 　学校には外国籍の子どもはみあたらず、地域には茶髪やピアスの大人は登場しない。家庭にはいつもお父さんやとお母さんがいて貧困も暴力もない。このノートが想定する学校や地域や家庭はきわめて限定された一様なイメージをかたちづくっている。1・2年生版「こころのノート」は「かぞくが　大すき」「学校　大すき」で終わっていく。（中略）手ひどい虐待から「かぞくが大すき」と屈託なく言えない子どもはいる。虐待を受けながらも、多くの子どもは親を好きでいようとするし、親は自分を愛してくれていると信じようとする。にもかかわらず、そう言い切れない現実のなかで葛藤している[9]。

　少数であるかもしれないが、家族からなんらかの虐待を受けているこどもにも配慮が必要である。

視聴覚教材による演習⑤の解説

　小学校5・6年「4―（7）郷土や我が国の伝統と文化を大切」と書かれていても、「伝統と文化」が受講生にはイメージしにくい場合もある。「寄席」を例にすれば比較的考えやすいのではないだろうか。地道な練習や修行が「伝統や文化」に必要なことは映像からも判断できるだろう。

視聴覚教材による演習⑥の解説

　唯一の被爆国としての日本の立場をあらためて認識するが、証言者が高齢なのに対して若い年代の方は「8月6日が何の日か」も明確に答えられない実態があり、世代間格差の甚大さを認識する。戦争当時にアメリカが日本の文化をどのように認識していたかも興味深い。

視聴覚教材による演習⑦の解説

　特別指導（懲罰）会議の場に本人や保護者が同席したり、生徒代表者が成績会議に参加したりする場面は日本では考えにくい。授業終わりの合図があれば「起立！礼！」もなく生徒たちがすぐ退出してしまうのも日本の学校に対比すれば違和感があるだろう。この映画の子どもたちは私服であり、様々な人種の子どもが混在していて、あらためて日本の学校の均一性や画一性を認識する。

視聴覚教材による演習⑧の解説

　DVDでは庄兵衛の語りや内面が縮小され、その代わり原作にはない「厄疫退散の水」の販売等が挿入されて喜助の語りがふくらまされている。是非最終演習で原文の方も同時に参照して欲しい。

最終演習の解説

　罪人を高瀬舟に乗せ大阪へ護送する同心・羽田庄兵衛は罪人である喜助から弟殺しの話を聞くが、苦しさに耐え切れず死を願う弟の切実な願いにこたえて、弟を殺害したという経過を考えると罪人としての処置に疑問も感じる。もちろん第3の視点であり「生命」の問題に関わるが、この作品から「(1) 生命の尊さを理解し、かけがえのない自他の生命を尊重する」という判断に至るかどうかはわからない。「(3) 人間には弱さや醜さを克服する強さや気高さがあることを信じ」ることにはつながるかもしれない。羽田か喜助かどちらに焦点を当てるかによって読解の方向も変容するだろう。「たくわえがあっても、またそのたくわえがもっと多かったらと思う。かくのごとくに先から先へと考えてみれば、人はどこまで行って踏み止まることができるものやらわからない」は、第1の視点「(1) 節度を守り節制に心掛け調和のある生活をする」とも関わる。第2の視点「(2) 温かい人間愛の精神を深め、他の人々に対し思いやりの心をもつ」からこそ喜助も弟をお互いを思いやった行動をしたのだともいえる。また仕事としての同心を考察すると第4の視点にも関わる。「(1) 法やきまりの意義を理解し、遵守するとともに、自他の権利を重んじ義務を確実に果たして、社会の秩序と規律を高めるように努める」とあるが、「法やきまり」の観点から考えて同心である庄兵衛自身も「ふに落ちぬもの」があるからこそ「お奉行様にきいてみたくてならなかった」のであろう。

　そのように考えていくと、この作品は様々な視点に関わるが、授業を受けた子どもたちの思いを一つの方向に収斂するのは困難であるかもしれない。

引用文献
1) 山口のり子『愛する、愛される』梨の木舎　2004　p66

2 ）山口のり子『愛する、愛される』梨の木舎　2004　p68
3 ）伊藤哲司『「心のノート」逆活用法』高文研　2004　p105
4 ）丸田健『いのちの食べ方』を観る、岡部美香・谷村千絵『道徳教育を考える ── 多様な声に応答するために』法律文化社　2012　p64
5 ）黒田恭史『豚のPちゃんと32人の小学生』ミネルヴァ書房　2003　p98
6 ）黒田恭史　前掲書　p20
7 ）林泰成『新訂　道徳教育論』日本放送出版協会　2009　p49
8 ）伊藤哲司『「心のノート」逆活用法』高文研　2004　p86
9 ）岩川直樹・船橋一男編著『「心のノート」の方へは行かない』寺小屋新書　2004　p40

第3章

文学教材とモラルジレンマ

　『道徳　中学校指導要領解説』(—第5章道徳の内容　第3節　学習指導の多様な展開—)、「指導方法の創意工夫」では「読み物資料の利用は最も広く行われている指導方法」(p93)と位置づけられている。「多様な読み物資料による学習指導」では「同じ読み物資料でも、詩、長文の物語や伝記、戯曲、実話、論説文、インターネットによる資料など、多様な形式のものを用いることもできる」(p91)と多様さが一つのポイントとなっている。「読み物資料を学習活動の中で効果的に生かすには、登場人物への共感を中心とした展開にするだけでなく、資料に対する感動を大事にする展開にしたり、迷いや葛藤を大切にした展開、知見や気づきを得ることを重視した展開、批判的な見方を含めた展開にしたりするなど、その資料の特質に応じて、資料の提示の仕方や取り扱いについて一層工夫が求められる」(p91)とされており、「批判的な見方を含めた展開」も道徳指導のひとつであると位置づけられている。

　また、道徳教育改訂の要点として「先人の伝記、自然、伝統と文化、スポーツなどを題材とし、生徒が感動を覚えるような魅力的な教材」と具体的に例示し、多様な題材を生かした創意工夫ある指導を行うことを一層重視」し、「全教育活動で充実する言語活動に関するものとして、道徳的価値観の形成を図る観点から、自己の心情や判断等を表現する機会を充実」(p11)することも挙げられている。

第 3 章　文学教育とモラルジレンマ　47

　読み物を素材として言語活動を深めていくことは道徳教育の根幹にあるといえる。読み物のひとつとして文学を考えた場合、文学教育（国語教育）と道徳教育とはどのように関わっているのか。国語教育のなかで「定番」とされている文学教材では道徳はどのように扱われているのか、この章では「文学と道徳」について考察し、整理する。

第 1 節　道徳教育にとっての文学

　道徳教育の側では、道徳教育と国語教育との違いをどのようにとらえているのか『かさこじぞう』の例をもとにまとめてみる。

> あらすじ
> 　ある年末、雪深い地方に、ひどく貧しい老夫婦が住んでいて、新年を迎えるためのモチすら買うことのできない状況である。そこでおじいさんは、自家製の笠を売りに町へ出かけるが、笠はひとつも売れない。吹雪いてくる気配がしてきたため、おじいさんは笠を売ることをあきらめ帰途につく。吹雪の中、おじいさんは地蔵の集団を見かけ、地蔵に雪が積もっていたので、売れ残りの笠を地蔵に差し上げることにした。しかし、手持ちの笠は自らが使用しているものを含めても 1 つ足りない。そこでおじいさんは、最後の地蔵には手持ちの手ぬぐいを被せ、何も持たずに帰宅した。おじいさんからわけを聞いたおばあさんは、「それはよいことをした」と言い、モチが手に入らなかったことを責めない。
> 　その夜、老夫婦が寝ていると、家の外で何か重たい物が落ちたような音がする、そこで扉を開けて外の様子を伺うと、家の前に様々な食料・小判などの財宝が山と積まれていた。老夫婦は雪の降る中、手ぬぐいをかぶった 1 体の地蔵を含む笠をかぶった地蔵が背を向けて去っていく様子を目撃した。この地蔵からの贈り物のおかげで、老夫婦は良い新年を迎えることができたという。

　『かさこじぞう』は上記のような話であるが、新宮弘識は「国語でも道

徳教育でも、人格の完成をめざしているという基本的方向は同一である」[1]とする。おじいさんの無償の行為が、「読み手の子どもにしみじみとした共感」[2]を与えるという点では国語も道徳も同じなのである。

　国語では、あくまで文章からはなれない。おじいさんの無償の行為や心の追求も、文章に即して読むということが国語教育の生命であり、「A君は『おじいさんはやさしい人だ』といったね。それは、どこの文章からそういえるのかな」と、いつでも文章に即するのである。(中略)
　一方、道徳の場合は、必ずしも文章にとらわれない。文章にとらわれず、児童自身が『かさこじぞう』を媒介にして、自分という人間に問い、自分に語りかけるという運動をどう起こし、道徳的価値としての温かい心をどう躍動させたかが、いつでも問われるのである。つまり、
①おじいさんやおばあさんの温かい心や行為を鏡として、自分をどうみたか。
②おじいさんやおばあさんのような温かい心や行為にふれて、どう感動したか。
③おじいさんやおばあさんの温かい心や行為は、人からほめられたいからするという行為とちがうことが、どの程度わかったか。
④おじいさんやおばあさんの温かい心に触れて心を動かし、自分なりの道標をどうたてたか。
　といった内面的運動が問題にされるのである[3]。

「内面的運動」という表現が「道徳教育」の特質をよくあらわしている。「内面的運動」を起こすための媒介・手段が読み物であり、文学である。国語科では「文章に即する」のが原則であるが、道徳の世界では、読者の内面に変化を起こし、時には行動へと導く為に読み物が手段として活用されるのである。

　おじいさん、おばあさんの行為を動かしているものがいったい何であるかと、二人の心を追求する場合、児童の過去における経験が、参考に供される。つまり、児童が、かつて、やさしい心をもって行為した経験や、やさしい心をもって行為した人の話などを思い出しながら、おじいさん、おばあさんの

心を考えていくというように、おじいさん、おばあさんの心と、児童の心とが往復運動をおこすような活動が仕組まれている。このような活動によって、児童に、「二人の心を鏡として自分をみる」「二人の心のすばらしさに心を動かす」「打算をはなれた無償の心と、自己中心的な親切とのちがいがわかる」「二人の心に憧れる」という力の躍動を期待しているのである。(中略)
　道徳では、展開③の「おじいさんやおばあさんのような、温かい心をもっている人が学級にいないか話しあう」という活動によって、『かさこじぞう』を通してつかんだ温かい心を、自分たちの具体的な生活の中にも発見させ、それを大切にしていこうとする意欲を育てようとしているのに対して、国語では、展開⑦⑧の「おじいさんに手紙をかく」「朗読する」のように、作文力・読解力に重点をおいている点である。
　ここに、道徳と国語との顕著なちがいがみられる。それは道徳独自の、国語独自の活動であるといえよう[4]。

「往復運動」と表現されているが、「地蔵に傘をさしあげるような」おじいさんのやさしさを、子どもにも共有していくというのが道徳の最終目標である。それに対し、国語科では子どもの読解力や表現力さらに想像力等のスキルを上達させることが最終目標であり、そのためのひとつの素材が読み物なのである。

　展開②によって、おじいさん、おばあさんの温かい心に共鳴し感動したとしても、ほとんどの児童は、「それはお話の世界のことであって、自分とは直接関係のない世界である」という受けとり方をする。このままでは、「温かい心で親切にしてやろうとする」という実践を志向したねらいに迫ることはできない。「今共鳴し感動した温かい心、すばらしい心は、君たちももっているのだよ」「例えば、A君の○○の行いや心がそうだよ」と、読みものと児童の生活とを関係づけてやることによって、「ようし、この心を大切にしよう」という実践意欲が高まるのであり、それが展開③である[5]。

ほとんどの児童が「それはお話の世界のこと」と認識している状況に対して、児童の現実生活と架空の「お話」とを関連づけさせ、内面を変容さ

せる方向に導くのが道徳教育なのである。

　それでは、逆に文学教育のなかで道徳はどのように位置づけられるのだろうか。小学校から高校にかけて長い間「定番」とされている文学教材について、個々に考えてみたい。ほとんどの国語教科書に掲載されている教材であり、受講者にとってもどこかで出会った作品であるはずである。いずれの作品も青空文庫でも掲載されているものであり、基本的に著作権は消滅している。傍線部は筆者によるものである。筆者の判断で部分的に割愛したものもあり、その場合（中略）と表記している。

　基本的には受講者とともに道徳というものを考える素材として活用してもらいたいが、考えるための「手がかり」を簡単に紹介しておいた。

第2節　小中学校の文学教材と道徳

(1) 小学校5・6年の国語教材例 ― 宮沢賢治『やまなし』

　　小さな谷川の底を写した二枚の青い幻燈です。

　一、五月

　　二疋の蟹の子供らが青じろい水の底で話していました。
　『クラムボンはわらったよ。』
　『クラムボンはかぷかぷわらったよ。』
　『クラムボンは跳ねてわらったよ。』
　『クラムボンはかぷかぷわらったよ。』
　　上の方や横の方は、青くくらく鋼のように見えます。そのなめらかな天井を、つぶつぶ暗い泡が流れて行きます。
　『クラムボンはわらっていたよ。』
　『クラムボンはかぷかぷわらったよ。』
　『それならなぜクラムボンはわらったの。』
　『知らない。』

つぶつぶ泡が流れて行きます。蟹の子供らもぽっぽっぽっとつづけて五六粒泡を吐きました。それはゆれながら水銀のように光って斜めに上の方へのぼって行きました。

　つうと銀のいろの腹をひるがえして、一疋の魚が頭の上を過ぎて行きました。

『クラムボンは死んだよ。』

『クラムボンは殺されたよ。』

『クラムボンは死んでしまったよ………。』

『殺されたよ。』

『それならなぜ殺された。』兄さんの蟹は、その右側の四本の脚の中の二本を、弟の平べったい頭にのせながら云いました。

『わからない。』

　魚がまたツウと戻って下流のほうへ行きました。

『クラムボンはわらったよ。』

『わらった。』

　にわかにパッと明るくなり、日光の黄金は夢のように水の中に降って来ました。

　波から来る光の網が、底の白い磐の上で美しくゆらゆらのびたりちぢんだりしました。泡や小さなごみからはまっすぐな影の棒が、斜めに水の中に並んで立ちました。

　魚がこんどはそこら中の黄金の光をまるっきりくちゃくちゃにしておまけに自分は鉄いろに変に底びかりして、又上流の方へのぼりました。

『お魚はなぜああ行ったり来たりするの。』

　弟の蟹がまぶしそうに眼を動かしながらたずねました。

『何か悪いことをしてるんだよとってるんだよ。』

『とってるの。』

『うん。』

　そのお魚がまた上流から戻って来ました。今度はゆっくり落ちついて、ひれも尾も動かさずただ水にだけ流されながらお口を環のように円くしてやって来ました。その影は黒くしずかに底の光の網の上をすべりました。

『お魚は……。』

その時です。俄に天井に白い泡がたって、青びかりのまるでぎらぎらする鉄砲弾のようなものが、いきなり飛込んで来ました。

兄さんの蟹ははっきりとその青いもののさきがコンパスのように黒く尖っているのも見ました。と思ううちに、魚の白い腹がぎらっと光って一ぺんひるがえり、上の方へのぼったようでしたが、それっきりもう青いものも魚のかたちも見えず光の黄金の網はゆらゆらゆれ、泡はつぶつぶ流れました。

二疋はまるで声も出ず居すくまってしまいました。

お父さんの蟹が出て来ました。

『どうしたい。ぶるぶるふるえているじゃないか。』

『お父さん、いまおかしなものが来たよ。』

『どんなもんだ。』

『青くてね、光るんだよ。はじがこんなに黒く尖ってるの。それが来たらお魚が上へのぼって行ったよ。』

『そいつの眼が赤かったかい。』

『わからない。』

『ふうん。しかし、そいつは鳥だよ。かわせみと云うんだ。大丈夫だ、安心しろ。おれたちはかまわないんだから。』

『お父さん、お魚はどこへ行ったの。』

『魚かい。魚はこわい所へ行った』

『こわいよ、お父さん。』

『いいいい、大丈夫だ。心配するな。そら、樺の花が流れて来た。ごらん、きれいだろう。』

泡と一緒に、白い樺の花びらが天井をたくさんすべって来ました。

『こわいよ、お父さん。』弟の蟹も云いました。

光の網はゆらゆら、のびたりちぢんだり、花びらの影はしずかに砂をすべりました。

二、十二月

蟹の子供らはもうよほど大きくなり、底の景色も夏から秋の間にすっかり

変りました。
　白い柔かな円石もころがって来、小さな錐の形の水晶の粒や、金雲母のかけらもながれて来てとまりました。
　そのつめたい水の底まで、ラムネの瓶の月光がいっぱいに透とおり天井では波が青じろい火を、燃したり消したりしているよう、あたりはしんとして、ただいかにも遠くからというように、その波の音がひびいて来るだけです。
　蟹の子供らは、あんまり月が明るく水がきれいなので睡らないで外に出て、しばらくだまって泡をはいて天上の方を見ていました。
　『やっぱり僕の泡は大きいね。』
　『兄さん、わざと大きく吐いてるんだい。僕だってわざとならもっと大きく吐けるよ。』
　『吐いてごらん。おや、たったそれきりだろう。いいかい、兄さんが吐くから見ておいで。そら、ね、大きいだろう。』
　『大きかないや、おんなじだい。』
　『近くだから自分のが大きく見えるんだよ。そんなら一緒に吐いてみよう。いいかい、そら。』
　『やっぱり僕の方大きいよ。』
　『本当かい。じゃ、も一つはくよ。』
　『だめだい、そんなにのびあがっては。』
　またお父さんの蟹が出て来ました。
　『もうねろねろ。遅いぞ、あしたイサドへ連れて行かんぞ。』
　『お父さん、僕たちの泡どっち大きいの』
　『それは兄さんの方だろう』
　『そうじゃないよ、僕の方大きいんだよ』弟の蟹は泣きそうになりました。
　そのとき、トブン。
　黒い円い大きなものが、天井から落ちてずうっとしずんで又上へのぼって行きました。キラキラッと黄金のぶちがひかりました。
　『かわせみだ』子供らの蟹は頸をすくめて云いました。
　お父さんの蟹は、遠めがねのような両方の眼をあらん限り延ばして、よくよく見てから云いました。

『そうじゃない、あれはやまなしだ、流れて行くぞ、ついて行って見よう、ああいい匂いだな』
　なるほど、そこらの月あかりの水の中は、やまなしのいい匂いでいっぱいでした。
　三疋はぽかぽか流れて行くやまなしのあとを追いました。
　その横あるきと、底の黒い三つの影法師が、合せて六つ踊るようにして、やまなしの円い影を追いました。
　間もなく水はサラサラ鳴り、天井の波はいよいよ青い焔をあげ、やまなしは横になって木の枝にひっかかってとまり、その上には月光の虹がもかもか集まりました。
　『どうだ、やっぱりやまなしだよ、よく熟している、いい匂いだろう。』
　『おいしそうだね、お父さん』
　『待て待て、もう二日ばかり待つとね、こいつは下へ沈んで来る、それからひとりでにおいしいお酒ができるから、さあ、もう帰って寝よう、おいで』
　親子の蟹は三疋自分等の穴に帰って行きます。
　波はいよいよ青じろい焔をゆらゆらとあげました、それは又金剛石の粉をはいているようでした。

＊

　私の幻燈はこれでおしまいであります。

底本：「新編風の又三郎」新潮文庫、新潮社　1989（平成元）年2月25日発行
初出：「岩手毎日新聞」岩手毎日新聞社　1923年（大正12年）4月8日

〈手がかり〉
　「五月」にクラムボンは魚によって「死んだ」「殺された」。その魚が今度は「かわせみ」によって「お魚が上へのぼって行った」つまり殺される。怖がる子ども蟹に対して父親は「樺（かば）の花」を示して心配しなくてよいと言う。「十二月」には「かわせみ」を怖がる子ども蟹によく熟した「やまなし」を紹介する。
　〔第5学年及び第6学年〕第3の視点と関わりが深い。

（1）生命がかけがえのないものであることを知り、自他の生命を尊重する。
（2）自然の偉大さを知り、自然環境を大切にする。
（3）美しいものに感動する心や人間の力を超えたものに対する畏敬の念をもつ。

　クラムボン → 魚 → かわせみ　という食物連鎖的なありかたは「自他の生命」に関わるし、「樺（かば）の花」「やまなし」は「自然の偉大さ」「美しいもの」にもつながる。作品全体として「人間の力を超えたものに対する畏敬の念」をテーマにすることができるかもしれない。しかしいずれも関わりはあるが、作品を読み終えたあとに上記のねらいが達成されるのかどうかはわからない。子どもたちの生活に結びつけることによって、道徳教育に近づけることは可能だろうが、クラムボンやかわせみその他「やまなし」自体も都会育ちの子どもには分かりにくいかもしれない。

《意見交換のためのメモ》
・
・
・
・
・
・

（2）中学校の国語教材 ── 森鷗外『最後の一句』

　江戸時代の元文3年11月、大阪。船乗り業の桂屋太郎兵衛を、斬罪に処すとの達しがあり、死罪の知らせは、太郎兵衛の家にも伝わる。
　太郎兵衛は、新七という船乗りを雇って、秋田から米を運ぶ運送業をしていたが、元文元年、秋田から米を積んで出航した太郎兵衛の船が波風に

遭い、積み荷の半分を流出し、新七は残った米を売って大阪へ戻る。新七は、この金は米主に返さずに、あとの船を仕立てるために使おうと告げる。難破という損失に遭った太郎兵衛は、目の前に現金を並べられ、つい、金を受け取る。米主が訴え出て、新七は逃走。太郎兵衛はお縄となる。

　太郎兵衛の家には、妻と、長女いち（16歳）、次女まつ（14歳）、養子の長男・長太郎（12）、三女とく（8歳）、次男・初五郎（6歳）がいたが、いちは、襖の陰で、祖母と母親の話を聞き、太郎兵衛が死罪になることを知る。いちは、自分たち子どもの命と引き換えに父親の命を助けてほしいという願書を書くことを思い立つ。夜に気配をさっしたまつに、「それをお奉行さんがきいてくだすって、おとっさんが助かれば、そえでいい。子供はほんとうに皆ころされるやら、わたしがころされて、小さいものは助かるやら、それはわからない」などと伝え、翌朝、まつと長太郎を連れ、いちは奉行所へ願書を出しに行く。

　いちの願書は「ふつつかな文字で書いてはあるが、条理がよく整っていて、おとなでもこれだけの短文に、これだけの事がらを買くのは、容易であるまいと思われるほど」であった。奉行、町年寄らの同席で、太郎兵衛の妻と５人の子どもへの尋問が行われる。

〈原文〉
　尋問は女房から始められた。しかし名を問われ、年を問われた時に、かつがつ返事をしたばかりで、そのほかの事を問われても、「いっこうに存じませぬ」、「恐れ入りました」と言うよりほか、何一つ申し立てない。
　次に長女いちが調べられた。当年十六歳にしては、少し幼く見える、痩肉（やせじし）の小娘である。しかしこれはちとの臆（おく）する気色（けしき）もなしに、一部始終の陳述をした。祖母の話を物陰から聞いた事、夜になって床（とこい）に入ってから、出願を思い立った事、妹まつに打ち明けて勧誘した事、自分で願書（がんしょ）を書いた事、長太郎が目をさましましたので同行を許し、奉行所の町名を聞いてから、案内をさせ

た事、奉行所に来て門番と応対し、次いで詰衆の与力に願書の取次を頼んだ事、与力らに強要せられて帰った事、およそ前日来経歴した事を問われるままに、はっきり答えた。

「それではまつのほかにはだれにも相談はいたさぬのじゃな」と、取調役が問うた。

「だれにも申しません。長太郎にもくわしい事は申しません。おとっさんを助けていただくように、お願いしに行くと申しただけでございます。お役所から帰りまして、年寄衆のお目にかかりました時、わたくしども四人の命をさしあげて、父をお助けくださるように願うのだと申しましたら、長太郎が、それでは自分も命がさしあけたいと申して、とうとうわたくしに自分だけのお願書を書かせて、持ってまいりました。」

いちがこう申し立てると、長太郎がふところから書付を出した。

取調役のさしずで、同心が一人長太郎の手から書付を受け取って、縁側に出した。

取調役はそれをひらいて、いちの願書と引き比べた。いちの願書は町年寄の手から、取り調べの始まる前に、出させてあったのである。

長太郎の願書には、自分も姉や弟妹といっしょに、父の身代わりになって死にたいと、前の願書と同じ手跡で書いてあった。

取調役は「まつ」と呼びかけた。しかしまつは呼ばれたのに気がつかなかった。いちが「お呼びになったのだよ」と言った時、まつは始めておそるおそるうなだれていた頭をあげて、縁側の上の役人を見た。

「お前は姉といっしょに死にたいのだな」と、取調役が問うた。

まつは「はい」と言ってうなずいた。

次に取調役は「長太郎」と呼びかけた。

長太郎はすぐに「はい」と言った。

「お前は書付に書いてあるとおりに、兄弟いっしょに死にたいのじゃな。」

「みんな死にますのに、わたしが一人生きていたくはありません」と、長太郎ははっきり答えた。

「とく」と取調役が呼んだ。とくは姉や兄が順序に呼ばれたので、こん度は自分が呼ばれたのだと気がついた。そしてただ目をみはって役人の顔を仰ぎ

見た。

「お前も死んでもいいのか。」

とくは黙って顔を見ているうちに、くちびるに血色がなくなって、目に涙がいっぱいたまって来た。

「初五郎」と取調役が呼んだ。

ようよう六歳になる末子の初五郎は、これも黙って役人の顔を見たが、「お前はどうじゃ、死ぬるのか」と問われて、活発にかぶりを振った。書院の人々は覚えず、それを見てほほえんだ。

この時佐佐が書院の敷居ぎわまで進み出て、「いち」と呼んだ。

「はい。」

「お前の申し立てにはうそはあるまいな。もし少しでも申した事に間違いがあって、人に教えられたり、相談をしたりしたのなら、今すぐに申せ。隠して申さぬと、そこに並べてある道具で、誠の事を申すまで責めさせるぞ。」佐佐は責め道具のある方角を指さした。

いちはさされた方角を一目見て、少しもたゆたわずに、「いえ、申した事に間違いはございません」と言い放った。その目は冷ややかで、そのことばは徐かであった。

「そんなら今一つお前に聞くが、身代わりをお聞き届けになると、お前たちはすぐに殺されるぞよ。父の顔を見ることはできぬが、それでもいいか。」

「よろしゅうございます」と、同じような、冷ややかな調子で答えたが、少し間を置いて、何か心に浮かんだらしく、「お上の事には間違いはございますまいから」と言い足した。

佐佐の顔には、不意打ちに会ったような、驚愕の色が見えたが、それはすぐに消えて、険しくなった目が、いちの面に注がれた。憎悪を帯びた驚異の目とでも言おうか。しかし佐佐は何も言わなかった。

次いで佐佐は何やら取調役にささやいたが、まもなく取調役が町年寄に、「御用が済んだから、引き取れ」と言い渡した。

白州を下がる子供らを見送って佐佐は太田と稲垣とに向いて、「生先の恐ろしいものでございますな」と言った。心の中には、哀れな孝行娘の影も残らず、人に教唆せられた、おろかな子供の影も残らず、ただ氷のように冷やや

かに、刃のように鋭い、いちの最後のことばの最後の一句が反響しているのである。元文ごろの徳川家の役人は、もとより「マルチリウム」という洋語も知らず、また当時の辞書には献身という訳語もなかったので、人間の精神に、老若男女の別なく、罪人太郎兵衛の娘に現われたような作用があることを、知らなかったのは無理もない。しかし献身のうちに潜む反抗の鋒は、いちとことばを交えた佐佐のみではなく、書院にいた役人一同の胸をも刺した。

城代も両奉行もいちを「変な小娘だ」と感じて、その感じには物でも憑いているのではないかという迷信さえ加わったので、孝女に対する同情は薄かったが、当時の行政司法の、元始的な機関が自然に活動して、いちの願意は期せずして貫徹した。桂屋太郎兵衛の刑の執行は、「江戸へ伺中日延」ということになった。これは取り調べのあった翌日、十一月二十五日に町年寄に達せられた。次いで元文四年三月二日に、「京都において大嘗会御執行相成り候てより日限も相立たざる儀につき、太郎兵衛事、死罪御赦免仰せいだされ、大阪北、南組、天満の三口御構の上追放」ということになった。桂屋の家族は、再び西奉行所に呼び出されて、父に別れを告げることができた。大嘗会というのは、貞享四年に東山天皇の盛儀があってから、桂屋太郎兵衛の事を書いた高札の立った元文三年十一月二十三日の直前、同じ月の十九日に五十一年目に、桜町天皇が挙行したもうまで、中絶していたのである。

底本：『山椒大夫・高瀬舟』岩波文庫　1967（昭和42）年改版発行
初出：『中央公論　第30年第11号』1915（大正4）年10月1日

〈手がかり〉

　父親の死刑を回避しようと行動するいちの行動は第1の視点「(3) 自律の精神を重んじ、自主的に考え、誠実に実行してその結果に責任をもつ」という結果ともいえる。「真理愛」にも関わるし、子どもの命と引き換えに父親の刑に問題提起しているのは第3の視点「生命」にも関わる。「お上《かみ》の事には間違いはございますまいから」という発言は第4の視点「公徳心」「正義」にも関わる。佐佐の側に焦点を当てれば別の読

解もあるだろう。「高瀬舟」と同じく様々な視点があるが、佐佐への問題提起を中心に据えれば比較的子どもたちの内面をまとめやすいともいえる。

《意見交換のためのメモ》

-
-
-
-
-
-

第3節　高等学校の文学教材と道徳

(1) 夏目漱石『こころ』

「上」

　明治末期。夏休みに鎌倉へ旅行をしていた大学生の「私」は鎌倉に来ていた「先生」と出会い交流を始め、東京に帰った後も先生の家に出入りするようになる。先生は奥さんと静かに暮らしていた。先生は私に何度も謎めいた、そして教訓めいたことを言う。私は、先生に過去を打ち明けるように迫ったところ来るべき時に過去を話すことを約束した。

「中」

　「上」の「私」は大学卒業後、実家に帰省した。病気が重かった父親は、ますます健康を損ない、私は東京へ帰る日を延ばした。実家に親類が集まり、父の容態がいよいよ危なくなってきたところへ、先生から分厚い手紙が届く。手紙が先生の遺書だと気づいた私は、東京行きの汽車に飛び乗る。

「下」
「先生」の遺書の本文。この文章中の「私」は、「先生」を指す。手紙には謎に包まれた「先生」の過去が綴られている。「先生」自身の生い立ちや、「K」をめぐる「お嬢さん」との関係。さらに結果として自殺に至った「K」との顛末等である。

※『こころ』全体のあらすじは上記のようなものであるが、国語の教科書に掲載されるのは「下」の部分が中心である。以下、数字は「下」の中の章である。

〈原文〉

三十六

「Kはなかなか奥さんとお嬢さんの話を已めませんでした。しまいには私も答えられないような立ち入った事まで聞くのです。私は面倒よりも不思議の感に打たれました。以前私の方から二人を問題にして話しかけた時の彼を思い出すと、私はどうしても彼の調子の変っているところに気が付かずにはいられないのです。私はとうとうなぜ今日に限ってそんな事ばかりいうのかと彼に尋ねました。その時彼は突然黙りました。しかし私は彼の結んだ口元の肉が顫えるように動いているのを注視しました。彼は元来無口な男でした。平生から何かいおうとすると、いう前によく口のあたりをもぐもぐさせる癖がありました。彼の唇がわざと彼の意志に反抗するように容易く開かないところに、彼の言葉の重みも籠っていたのでしょう。一旦声が口を破って出るとなると、その声には普通の人よりも倍の強い力がありました。

　彼の口元をちょっと眺めた時、私はまた何か出て来るなとすぐ気付いたのですが、それがはたして何の準備なのか、私の予覚はまるでなかったのです。だから驚いたのです。彼の重々しい口から、彼のお嬢さんに対する切ない恋を打ち明けられた時の私を想像してみて下さい。私は彼の魔法棒のために一度に化石されたようなものです。口をもぐもぐさせる働きさえ、私にはなく

なってしまったのです。

　その時の私は恐ろしさの塊りといいましょうか、または苦しさの塊りといいましょうか、何しろ一つの塊りでした。石か鉄のように頭から足の先までが急に固くなったのです。呼吸をする弾力性さえ失われたくらいに堅くなったのです。幸いな事にその状態は長く続きませんでした。私は一瞬間の後に、また人間らしい気分を取り戻しました。そうして、すぐ失策ったと思いました。先を越されたなと思いました。

　しかしその先をどうしようという分別はまるで起りません。恐らく起るだけの余裕がなかったのでしょう。私は腋の下から出る気味のわるい汗が襯衣に滲み透るのを凝と我慢して動かずにいました。Kはその間いつもの通り重い口を切っては、ぽつりぽつりと自分の心を打ち明けてゆきます。私は苦しくって堪りませんでした。おそらくその苦しさは、大きな広告のように、私の顔の上に判然りした字で貼り付けられてあったろうと私は思うのです。いくらKでもそこに気の付かないはずはないのですが、彼はまた彼で、自分の事に一切を集中しているから、私の表情などに注意する暇がなかったのでしょう。彼の自白は最初から最後まで同じ調子で貫いていました。重くて鈍い代りに、とても容易な事では動かせないという感じを私に与えたのです。私の心は半分その自白を聞いていながら、半分どうしようどうしようという念に絶えず掻き乱されていましたから、細かい点になるとほとんど耳へ入らないと同様でしたが、それでも彼の口に出す言葉の調子だけは強く胸に響きました。そのために私は前いった苦痛ばかりでなく、ときには一種の恐ろしさを感ずるようになったのです。つまり相手は自分より強いのだという恐怖の念が萌し始めたのです。

　Kの話が一通り済んだ時、私は何ともいう事ができませんでした。<u>こっちも彼の前に同じ意味の自白をしたものだろうか</u>、それとも打ち明けずにいる方が得策だろうか、私はそんな利害を考えて黙っていたのではありません。ただ何事もいえなかったのです。またいう気にもならなかったのです。

　午食の時、Kと私は向い合せに席を占めました。下女に給仕をしてもらって、私はいつにない不味い飯を済ませました。二人は食事中もほとんど口を利きませんでした。奥さんとお嬢さんはいつ帰るのだか分りませんでした。

第 3 章　文学教育とモラルジレンマ　63

〈手がかり〉
　「K」を恋愛上のライバルとみなす「私」は「三十六」で「K」のお嬢さんに対する恋愛感情の告白を聞いてしまう。「こっちも彼の前に同じ意味の自白をしたものだろうか」と思いながらも「私」は最後まで自分の内面を「K」には伝えず、その一方でお嬢さんに対しては結婚の申し込みをするのである。真実を語らなかった「私」は少なくとも第 1 の視点「(4) 真理を愛し、真実を求め、理想の実現を目指して自己の人生を切り拓いていく」には反しているのだろう。
　そして、第 2 の視点「(2) 温かい人間愛の精神を深め、他の人々に対し思いやりの心をもつ。(3) 友情の尊さを理解して心から信頼できる友達をもち、互いに励まし合い、高め合う」のような「思いやり」も持っていないといえる。最終的に自殺してしまった点では第 3 の視点「(3) 人間には弱さや醜さを克服する強さや気高さがあることを信じて、人間として生きることに喜びを見いだすように努める」も満たされていない。
　このように考察すると「私」は極めて反道徳的な人間といえるが、国語の授業展開としては登場人物の細かな心の動きの読解作業が中心である。なぜ「私」はあのような行動をしたのか、そして夏目漱石はこの作品を通して何を伝えたかったのだろうか、ということを考える作業ばかりしている国語の授業は、道徳教育の立場からは問題なのだろうか。
《意見交換のためのメモ》
　　・
　　・
　　・
　　・
　　・
　　・

(2) 森鷗外『舞姫』

　19世紀末、ドイツ留学中の太田豊太郎は下宿に帰る途中、涙に暮れる少女エリスと出会い、心を奪われる。父の葬儀代を工面してやり、以後交際を続けるが、仲間の讒言によって豊太郎は免職される。その後豊太郎はエリスと同棲し、生活費を工面するため、新聞社のドイツ駐在通信員という職を得た。エリスはやがて豊太郎の子を妊娠する。友人である相沢謙吉の紹介で大臣のロシア訪問に随行し、信頼を得ることができた。復職のめども立ち、また相沢の忠告もあり、豊太郎は日本へ帰国することを迷う。しかし、豊太郎の帰国を心配するエリスに、彼は真実を告げられず、その心労で人事不省に陥る。その間に、相沢から事態を知らされたエリスは、衝撃の余り発狂し、パラノイアと診断される。

　※上記のあらすじの傍線部の部分が、下記にあたる。

〈原文〉
　嗚呼、独逸に来し初に、自ら我本領を悟りきと思ひて、また器械的人物とはならじと誓ひしが、こは足を縛して放たれし鳥の暫し羽を動かして自由を得たりと誇りしにはあらずや。足の糸は解くに由なし。嚢にこれを繰つりしは、我某省の官長にて、今はこの糸、あなあはれ、天方伯の手中に在り。余が大臣の一行と倶にベルリンに帰りしは、恰も是れ新年の旦なりき。停車場に別を告げて、我家をさして車を駆りつ。こゝにては今も除夜に眠らず、元旦に眠るが習なれば、万戸寂然たり。寒さは強く、路上の雪は稜角ある氷片となりて、晴れたる日に映じ、きらきらと輝けり。車はクロステル街に曲りて、家の入口に駐まりぬ。この時窓を開く音せしが、車よりは見えず。馭丁に「カバン」持たせて梯を登らんとする程に、エリスの梯を駈け下るに逢ひぬ。彼が一声叫びて我頸を抱きしを見て馭丁は呆れたる面もちにて、何やらむ髭の内にて云ひしが聞えず。「善くぞ帰り来玉ひし。帰り来玉はずば我命は絶えなんを。」

第3章　文学教育とモラルジレンマ　65

我心はこの時までも定まらず、故郷を憶ふ念と栄達を求むる心とは、時として愛情を圧せんとせしが、唯だ此一刹那、低徊躊躇の思は去りて、余は彼を抱き、彼の頭は我肩に倚りて、彼が喜びの涙ははらはらと肩の上に落ちぬ。

〈手がかり〉

　「故郷」とはつまり日本のことであり、第4の視点「(9) 日本人としての自覚をもって国を愛し、国家の発展に努めるとともに、優れた伝統の継承と新しい文化の創造に貢献する」と重なる面はあるのかもしれないが、エリスを裏切った点では第2の視点「(2) 温かい人間愛の精神を深め、他の人々に対し思いやりの心をもつ」に反する。また、エリスに真実を言えなかった点では第1の視点「(4) 真理を愛し、真実を求め、理想の実現を目指して自己の人生を切り拓いていく」にも反しているのかもしれない。『こころ』と同じく反道徳的ともいえる主人公の言動に対する読解作業が国語科では中心となるのである。

《意見交換のためのメモ》

-
-
-
-
-
-

(3) 芥川龍之介『羅生門』

　ある日の暮方の事である。一人の下人が、羅生門の下で雨やみを待っていた。
　広い門の下には、この男のほかに誰もいない。ただ、所々丹塗の剥げた、大きな円柱に、蟋蟀が一匹とまっている。羅生門が、朱雀大路にある以上は、

この男のほかにも、雨やみをする市女笠や揉烏帽子が、もう二三人はありそうなものである。それが、この男のほかには誰もいない。
　何故かと云うと、この二三年、京都には、地震とか辻風とか火事とか饑饉とか云う災がつづいて起った。そこで洛中のさびれ方は一通りではない。旧記によると、仏像や仏具を打砕いて、その丹がついたり、金銀の箔がついたりした木を、路ばたにつみ重ねて、薪の料に売っていたと云う事である。洛中がその始末であるから、羅生門の修理などは、元より誰も捨てて顧る者がなかった。するとその荒れ果てたのをよい事にして、狐狸が棲む。盗人が棲む。とうとうしまいには、引取り手のない死人を、この門へ持って来て、棄てて行くと云う習慣さえ出来た。そこで、日の目が見えなくなると、誰でも気味を悪るがって、この門の近所へは足ぶみをしない事になってしまったのである。
　その代りまた鴉がどこからか、たくさん集って来た。昼間見ると、その鴉が何羽となく輪を描いて、高い鴟尾のまわりを啼きながら、飛びまわっている。ことに門の上の空が、夕焼けであかくなる時には、それが胡麻をまいたようにはっきり見えた。鴉は、勿論、門の上にある死人の肉を、啄みに来るのである。――もっとも今日は、刻限が遅いせいか、一羽も見えない。ただ、所々、崩れかかった、そうしてその崩れ目に長い草のはえた石段の上に、鴉の糞が、点々と白くこびりついているのが見える。下人は七段ある石段の一番上の段に、洗いざらした紺の襖の尻を据えて、右の頬に出来た、大きな面皰を気にしながら、ぼんやり、雨のふるのを眺めていた。
　作者はさっき、「下人が雨やみを待っていた」と書いた。しかし、下人は雨がやんでも、格別どうしようと云う当てはない。ふだんなら、勿論、主人の家へ帰る可き筈である。所がその主人からは、四五日前に暇を出された。前にも書いたように、当時京都の町は一通りならず衰微していた。今この下人が、永年、使われていた主人から、暇を出されたのも、実はこの衰微の小さな余波にほかならない。だから「下人が雨やみを待っていた」と云うよりも「雨にふりこめられた下人が、行き所がなくて、途方にくれていた」と云う方が、適当である。その上、今日の空模様も少からず、この平安朝の下人のSentimentalismeに影響した。申の刻下りからふり出した雨は、いまだに上る

けしきがない。そこで、下人は、何をおいても差当り明日の暮しをどうにかしようとして——云わばどうにもならない事を、どうにかしようとして、とりとめもない考えをたどりながら、さっきから朱雀大路にふる雨の音を、聞くともなく聞いていたのである。

　雨は、羅生門をつつんで、遠くから、ざあっと云う音をあつめて来る。夕闇は次第に空を低くして、見上げると、門の屋根が、斜につき出した甍の先に、重たくうす暗い雲を支えている。

　どうにもならない事を、どうにかするためには、手段を選んでいる遑はない。選んでいれば、築土の下か、道ばたの土の上で、饑死をするばかりである。そうして、この門の上へ持って来て、犬のように棄てられてしまうばかりである。選ばないとすれば——下人の考えは、何度も同じ道を低徊した揚句に、やっとこの局所へ逢着した。しかしこの「すれば」は、いつまでたっても、結局「すれば」であった。下人は、手段を選ばないという事を肯定しながらも、この「すれば」のかたをつけるために、当然、その後に来る可き「盗人になるよりほかに仕方がない」と云う事を、積極的に肯定するだけの、勇気が出ずにいたのである。

　（中略——この後、下人は死体から髪の毛を抜いて鬘にして売る老婆に出会う。以下はその老婆の言葉である）

　「成程な、死人の髪の毛を抜くと云う事は、何ぼう悪い事かも知れぬ。じゃが、ここにいる死人どもは、皆、そのくらいな事を、されてもいい人間ばかりだぞよ。現在、わしが今、髪を抜いた女などはな、蛇を四寸ばかりずつに切って干したのを、干魚だと云うて、太刀帯の陣へ売りに往んだわ。疫病にかかって死ななんだら、今でも売りに往んでいた事であろう。それもよ、この女の売る干魚は、味がよいと云うて、太刀帯どもが、欠かさず菜料に買っていたそうな。わしは、この女のした事が悪いとは思うていぬ。せねば、饑死をするのじゃて、仕方がなくした事であろう。されば、今また、わしのしていた事も悪い事とは思わぬぞよ。これとてもやはりせねば、饑死をするじゃて、仕方がなくする事じゃわいの。じゃて、その仕方がない事を、よく知っていたこの女は、大方わしのする事も大目に見てくれるであろう。」

老婆は、大体こんな意味の事を云った。
　下人は、太刀を鞘におさめて、その太刀の柄を左の手でおさえながら、冷然として、この話を聞いていた。勿論、右の手では、赤く頰に膿を持った大きな面皰を気にしながら、聞いているのである。しかし、これを聞いている中に、下人の心には、ある勇気が生まれて来た。それは、さっき門の下で、この男には欠けていた勇気である。そうして、またさっきこの門の上へ上って、この老婆を捕えた時の勇気とは、全然、反対な方向に動こうとする勇気である。下人は、饑死をするか盗人になるかに、迷わなかったばかりではない。その時のこの男の心もちから云えば、饑死などと云う事は、ほとんど、考える事さえ出来ないほど、意識の外に追い出されていた。
「きっと、そうか。」
　老婆の話が完ると、下人は嘲るような声で念を押した。そうして、一足前へ出ると、不意に右の手を面皰から離して、老婆の襟上をつかみながら、嚙みつくようにこう云った。
「では、己が引剝をしようと恨むまいな。己もそうしなければ、饑死をする体なのだ。」
　下人は、すばやく、老婆の着物を剝ぎとった。それから、足にしがみつこうとする老婆を、手荒く死骸の上へ蹴倒した。梯子の口までは、僅に五歩を数えるばかりである。下人は、剝ぎとった檜皮色の着物をわきにかかえて、またたく間に急な梯子を夜の底へかけ下りた。
　しばらく、死んだように倒れていた老婆が、死骸の中から、その裸の体を起したのは、それから間もなくの事である。老婆はつぶやくような、うめくような声を立てながら、まだ燃えている火の光をたよりに、梯子の口まで、這って行った。そうして、そこから、短い白髪を倒にして、門の下を覗きこんだ。外には、ただ、黒洞々たる夜があるばかりである。
　下人の行方は、誰も知らない。

（大正４年９月）

底本：『芥川龍之介全集１』ちくま文庫、筑摩書房

第3章　文学教育とモラルジレンマ　69

〈手がかり〉
　<u>どうにもならない事を、どうにかするためには、手段を選んでいる遑はない</u>─つまり盗人になるか、またはこのまま餓死するかという選択肢は、反道徳を迫られている二者択一のモラルジレンマ状況であるといえる。結果的には、悪事に対して悪事をすることは<u>「大目に見てくれるであろ</u>」という老婆の考え方に影響を受けて、下人は老婆の着物を奪う。「正義感」「公正」「生命」様々なテーマに関わりがあるが、「道徳か死か」という選択肢は子どもたちにとっては重い。時代も社会状況も現代とは随分異なるが、「悪に対する悪は肯定されるか」というテーマならば身近に考えやすいかもしれない。
《意見交換のためのメモ》
　・
　・
　・
　・
　・
　・

　このように国語科の文学教材では反道徳的ともいえる登場人物が扱われることも多いが、「道徳　中学校指導要領解説」─第6章「教育活動全治を通じて行う指導」第2節「各教科における指導」の(1)道徳教育と各教科─「国語科」では「国語による表現力と理解力とを育成するとともに、人間と人間との関係の中で、互いの立場や考えを尊重しながら言葉で伝え合う力を高めることは、学校の教育活動全体で道徳教育を進めていく上で、基盤となるものである。また、思考力や想像力を養い言語感覚を豊かにすることは、道徳的心情や道徳的判断力を養う基本になる」[6]とされ

ているので、例えば④『こころ』の「私」や⑤『舞姫』の太田豊太郎の生き様について意見を出し合うことは、「表現力」「理解力」「言葉で伝え合う力」を高め、「道徳教育を進めていく上での基盤」となる。⑥『羅生門』で話題にしたモラルジレンマについては次節でも扱うが、「道徳教育は、結局のところ、本音と建て前の使い分けを教えることになってしまう」状況があるなかで「モラルジレンマ授業は、答えがないジレンマについて議論するため、本音と建て前を使い分ける必要がなくなり、議論はおおいに盛り上がる。こうした点は長所と言える」という指摘がある。しかし、「どちらでもよいというオープンエンドスタイルは、道徳的価値の教え込みを中心とする授業としては十分なものとは言えない」[7]といえる。同じことは文学教育―国語教育にもあてはまる。

「研究者の文学概念を前提とした形象把握の教育（文学作品教育）の上に、人間いかに生きるべきかといった徳目に結びつく危険性」[8]を感じ、「把握すべき作品形象、あるいはその意味・思想といった研究者にとっての文学概念に、作家にとっての文学概念、すなわちその創作活動の中核をなす文学的認識を対置」[9]して「作家の文学的現実認識力の獲得を内実とする文学教育を提唱」[10]した大河原忠蔵のような文学教育―国語教育者は少なくないことを最後に指摘しておきたい。

第4節　モラルジレンマ

荒木紀幸は次のようにモラルジレンマを位置づけ、この学習は「他者の立場にたって問題をみつめ直したり、社会的な視点にたって問題を再考すること」[11]によって役割取得能力が高まるのだと主張している。

> われわれにとってジレンマは、ある意味で対立している道徳的価値や判断を徐々に分化し、それによって道徳的判断の普遍性を増大させるために、ま

た構造的不均衡から均衡化へと至らせるために人為的に構成したものであり、限定的な場面での選択を迫る道徳的難題に過ぎず、その限りでの価値葛藤である。根本的なアンチノミーになればむしろアポリアとして立ち往生するしかなく、道徳の授業に資する方法への提案を試みるものとしては、その点の理論的完全性を備えなければならないのかどうか疑問に感じている。だから、2つの事象が対立する状況において生じる認知の分裂、不均衡を文化と統合の増大により調整し、均衡化した認知構造へと向上させる過程を授業の過程として採用したのである[12]。

役割取得能力が高まることによって提唱されている下記の発達段階は比較的よく浸透している。

発達段階
　段階0　自己欲求希求志向　　　自己中心的・垂直的な発達のために
　段階1　罰回路、従順志向　　　大人に無条件の服従
　段階2　道具的互恵主義傾向　　利己主義
　段階3　「よい」子志向　　　　利他主義
　段階4　法と秩序の維持志向　　社会システムの維持

このモラルジレンマの発想にはコールバーグの影響が強い。
「ハインツという男がいて、その妻が重病であり、妻の命を救うには自分の資力ではとても買えない高価な薬を盗むしかないという想定のもと、ハインツは盗むべきか否かという問いを子供たちに提示して、どのような答え方をするかを聞く」。これが有名なハインツのジレンマである。
コールバーグは上記のジレンマを含めて基本的に男子中心の実践を展開し、発達段階の論理を構築した。そのためにコールバーグの基準では女性が道徳的に低位におかれてしまう ── と問題提起したのがギリガンである。
「ハインツのジレンマ」に対して、エイミーという女の子は「盗んだハイ

ンツが刑務所に送られるなら妻の病気は一層重くなるかもしれない」ということを懸念する。人間関係への洞察と配慮という基準を立てるなら道徳的評価は異なるはずであるというのがギリガンの主張である。権利ないし正義を中軸とする倫理が男性優位社会において重視されてきたのに対して、「もう一つの声」として「ケアの倫理」を強調する。

　女性は他者への思いやりや感受性を身につけねばならないという社会的圧力にさらされているが、他方において、そのような能力を発展させること自体が、コールバーグの基準からは未成熟や遅れとして評価され、男性より劣位に位置づけられてしまう。

　モラルジレンマにおいても男女で差異の出る場合がある。

　「医師が16歳未満の少女に親の承諾なしに避妊用のピルを処方する場合もある（医師にはその権利がある）という見解を行政が示したこと」[13]に対する問題提起としてのジリック裁判をもとにしたモラルジレンマでは

A「そもそも15歳の少女が性行為を行なうということが道徳的に認めがたく、また場合によっては法的にも認められていないから、ピルを処方することは不品行で違法な性行為を助長する」→ ピル処方反対

B「16歳未満の少女が自分自身の望まない妊娠をしてしまうという現実が存在する以上、無防備な性行為から少女を守る為にピルの処方を認めて対処すべきである」→ ピル処方容認という見解にわかれるが、男子の意見にはAが多く、女子の意見ではBが多くなる傾向がある。

　どちらにせよ「本音」か「建前」かという論理の組み立ては道徳の根幹ともいえる。モラルジレンマはこの根幹部分を刺激するからこそ議論が盛り上がるのだろう。林泰成が指摘しているように、モラルジレンマの実践だけでは、道徳を教え込むことにはならないが、例えば場面そのものも受講生とともに創作することにより身近な道徳的素材に関心を持たせることには結びつけられるだろう。

第3章　文学教育とモラルジレンマ　73

〈モラルジレンマ創作のためのメモ〉
・
・
・
・
・
・

　下記は受講生が創作したモラルジレンマの一部である。

　○卒業後就職か進学か。
　○自分はテニスコーチである。テニスコーチには生徒に対してテニスグッズを売るというノルマがある。昔からテニスをしている生徒がおり、かなり古いラケットを使っている。生徒はそのラケットを非常に気に入っている。ラケットを買う必要はない。しかし、テニススクールという会社に属する以上、会社のためにノルマは達成しないといけない。会社の為に新しいラケットを必要としない生徒にラケットをすすめるか。生徒の為を思い、新しいラケットをすすめないか。
　○授業中隣の席の生徒がお腹が痛くなり自分はそのことを知っていてすごく辛そうだけど、隣の子は周りの子に「あいつトイレ行ったでー」などと言われたくないから言わないでと言ってるが、自分の判断で先生に「△△さんがお腹痛いそうです」と言ってあげたい気持ちもある。
　○親の離婚でどちらかにつくかおばあちゃんの家に行くか。
　○同じクラスの友達がガラスを割るところを見てしまい、その割った本人から「先生とか誰にもちくるなよ」と言われ、私はそのことを誰にも言わずに黙っていた。その日終礼のときにクラス全体でガラスが割られたことについて先生に聞かれたときに、私は本当のことを話すべきなのか友達のためにずっと黙っておくべきなのか悩んだ。その後も自分が真実を話すべき

か、知っているのに黙ってるのがいいのかわからなかった。
○友達がいじめられていて助けたいと思うが、その友達が別のいじめられている子を助けていじめられたので、自分が友達を助けると自分がいじめられるのではないか。
○日々努力をしているBさんか、Bさんほど練習に一生懸命ではないが速いCさんか、どちらをレギュラーに選ぶか。
○22時まで営業の飲食店で22時1分に来店客があった場合の対応。売り上げとお客のために入店させるのか。
○救急で2人の患者が運ばれてきました。しかし、今日手術ができる医師は1人しかいません。

　患者の1人は70歳のおじいさん。若い頃はバリバリ働いて退職してからは妻と2人で暮らしている。一緒に暮らしている妻は重度の障害を持っているため、おじいさんが毎日介護をしている。おじいさんがいなければ妻は1人では生きていけない。

　もう1人は17歳の高校生。今は部活動に夢中。全国大会にも出場する強豪校だ。その子の将来をたくさんの人が期待している。1人を手術すればもう1人の命は救えない。

　あなたなら70歳のおじいさんと、17歳の高校生どちらの命を救いますか？
○野球部の決まりで授業態度が悪い生徒は大会には出さない決まりであった。このチームのエースピッチャーは練習熱心でチームを引っ張る中心選手であったが授業態度が悪く居眠りばかりしていた。注意をしながらも改善されず、最後の大会のメンバーから外すことに決めた。しかし、チームの部員たちから「最後の大会で中心選手のA君を外さないでほしい」と頼まれた。ここでA君をメンバーに入れたら後輩に示しがつかない。かといって練習態度は真面目で頑張ってきたのにメンバーから外すと、この先間違った方向に進むのではないか。A君のことを考えるとどちらが良いのか。
○将来ネイルのお店を出すという目標があるAさん。

　毎日、バイトをしてお金をため、夜、ネイルの学校に通っている。なかなか自由な時間がとれず、友達に遊びに誘われても、行けるのは数回……

みんなと旅行したりしたいが、お店を出すことを目標にしてがまんし、努力している。ある日、ここ最近体の調子があまり良くないと感じ始めてきた。ただの疲れだと思ったが、一応と思い母親と病院に行った。帰りに薬を受け取り、次の検査日を決めて帰ってきた。Aさんの知らないところで、Aさんの母親は医者から、Aさんがガンであることを伝えられた。長くてあと1年……

このとき、あなたはAさんに自分がガンだということを伝えますか？
○とても仲良しの友達と高校進学と同時に別々になった。

部活動お互い頑張ろうと約束した。しかし自分はレギュラーどころかベンチにすら入れない。

そのなかで友達はレギュラーになったとメールをくれた。そのとき初めてその友達にうそをついて自分もレギュラーになったと返事をしてしまった。後日お互いそのレギュラーとしてもらったユニホームを見せ合おうと久しぶりの再会を友達が提案した。

うそを正直に話して謝るべきかごまかすか
○ある消防隊員Aが、某病院で起こった火災に出勤した現場に到着した頃には病院にはかなり火の手が回っていた。そして、なかなか消防隊員達は病院の中に新入することができずにいた。そんな中、消防隊員Aだけは違い、ただ1人だけ奥の病室まで進入することができた。なんとかたどりついた病室には、女の人が1人倒れていて、もう意識が薄く、間一髪の所で救出することができた。すると、意識が薄い中女の子が、まだ奥に続く扉の方に指をさし、「お母さん」「お母さん」と言う。まさかと思い、消防隊員Aはその扉の方を見る。すると、奥の部屋に大人の女性一人に（女の子のお母さん）が倒れていた。

しかし、その女性をこちらから確認する限りでは、もう手遅れかもしれないと思った。さらに、病室にまで火の手がまわり、ただ1つだけ残っている脱出口も危なくなってきた。この時、奥の部屋まで行き、まだ息をしているかわからない大人の女性も救いだし、女の子とお母さん2人を脱出口がなくなるかもしれないリスクまでおって救出するのか？　確実に今救出できる女の子だけを助けるのか？

○「必ず部活に入る」という中学校だったが、自分のやりたいサッカー部はなく、学校外のサッカークラブチームをしているとバッシングを受けたので、学校の部活に入部して出席はせず、クラブチームでサッカーを続けた。
○船に乗っていてその船が嵐に襲われ船が沈没してしまった。自分を含めた5人はかろうじて救命ボートに乗って助かった。しかしその時1人の乗客がおぼれているのが見えた。しかしその人を乗せればボートは確実に沈む。見殺しにするか助けるか？
○母と子がいて、母が病気だった。子どもはサッカーをしていて、その日は全国大会の決勝だった。入院している母とはほとんど会えてなかった。キャプテンだったが病院に行き試合には負けた。
○Aちゃんは新しい学期になってずっと教室には行かず保健室にいました。はじめはなぜ保健室にいるのか先生も分からずAちゃんに尋ねるが黙ったままであった。Aちゃんはとても明るい子どもでクラスのみんなもAちゃんがまさか教室に来ないなんて信じることができなかった。保健室登校して1か月が過ぎた頃…。Aちゃんは重い口を開いた。「授業で宗教のことを扱った。私は○○宗教であることを隠していた。隠すつもりは全くなかったのだが言う機会もなかった。」○○教のことを恥じているわけではない。

　しかし、生まれたときから決まっていたのでその宗教がみんなから見れば良くない団体でもAちゃんにとったらその人たちが家族なのである。先生はきっと宗教のこと何種類もあるのも知っているだろう。Aちゃんにとったらすべて○○宗教を否定しているように聞こえたらしい。誰に何を言われたわけではないが、Aちゃんはその宗教のことを考えすぎてしまっているらしい。宗教のことはやはり難しい部分がある。他人から自分の宗教の説明を受けてもきっと他人がもしかしたらその宗教を良く思ってなくてマイナスイメージで説明していくかもしれない。先生は宗教のことをどのようにAちゃんに伝えていくべきか

　冒頭の「卒業後就職か進学か」だけでは個人の進路の問題であり、「モラル」には結びつきにくい。しかし、例えば親が病気であったり、弟や妹の世話をする必要がある等集団とのかかわり等があって、進路選択に制限

がある状況であれば、第2の視点や第4の視点に関連づけて道徳的テーマとすることは可能だろう。姉妹編である『教職実践演習』のロールプレイのように「役割」や「実践」を意識させる場としてもモラルジレンマは有効である。

引用文献
1）2）新宮弘識『実践道徳教育法』建帛社　1979　p161
3）新宮弘識　前掲書　p162
4）5）新宮弘識　前掲書　p166
6）文部科学省「道徳　中学校指導要領解説」2008　p108
7）林泰成『新訂　道徳教育論』放送大学教育振興会　2009　p91
8）9）10）田近洵一『戦後国語教育問題史』大修館書店　1991　p189
11）荒木紀幸『続　道徳教育はこうすればおもしろい』北大路書房　1997　p129
12）荒木紀幸『モラルジレンマ授業の教材開発』明治図書　1996　p200
13）小林亜津子『看護が直面する11のモラル・ジレンマ』ナカニシ出版　2010　p223

第4章

特別活動と道徳

　この章では、討議材料とその〈手がかり〉を設け、受講者で意見交換する作業を重視した。また、視聴覚教材については第1章とは違い、部分的に活用する方が望ましいものが多い。第1章とは区分する意味合いで**視聴覚補助教材**としていくつかを紹介した。

第1節　「特別活動」「道徳」の変遷

（1）戦前の修身から「道徳」「特別活動」への流れ

　近代教育の始まりである1872（明治5年）の「学制」の発布と共に戦前の「道徳」「特別活動」も始まる。

　1879（明治12）年公布の「教育令」と共に、教育の目的を日本の近代化・富国強兵の基を作り出すこととし、道徳にあたる「修身科」は諸教科に比べて低い地位にあった。

　1880（明治13）年には「改正教育令」が公布された。これには儒教主義者・元田永孚の主張する「忠孝」の精神が取り入れられ、修身科は全教科の筆頭に置かれていた。

　1886（明治19）年になると再び文相森有礼の儒教的徳育を否定する思想が強く反映され、代わって運動会・学校儀式等の訓練を通じて「愛国心」を育成しようとするなど、「学制」以降、道徳教育は二転三転する安

定を欠いたものであった。

　1890（明治23）年、「教育勅語（教育ニ関スル勅語）」が発布。その特徴は森の国家主義教育思想に、伝統的儒教主義と開明主義を統合した天皇制国体論を加えた点にあり、天皇中心の臣民教育という日本の教育の基本理念・国民統合の枠組みが定まった。その理念は、教科書国定制度による教育と学校儀式の2つの面から浸透していった。学校儀式とは現在の「特別活動」のひとつと位置づけられる。

　　1．父母ニ孝ニ（孝行）
　　2．兄弟ニ友ニ（友愛）
　　3．夫婦相和シ（夫婦の和）
　　4．朋友相信シ（朋友の信）
　　5．恭儉己レヲ持シ（謙遜）（言動のつつしみ）
　　6．博愛衆ニ及ホシ（博愛）
　　7．學ヲ修メ業ヲ習ヒ（修業習学）
　　8．以テ智能ヲ啓發シ（知能啓発）
　　9．德器ヲ成就シ（德器成就）（人格向上）
　　10．進テ公益ヲ廣メ世務ヲ開キ（公益世務）（社会貢献）
　　11．常ニ國憲ヲ重シ國法ニ遵ヒ（遵法）（秩序重視）
　　12．一旦緩急アレハ義勇公ニ奉シ（義勇）
　以テ天壤無窮ノ皇運ヲ扶翼スヘシ（非常時に国家に尽くす）

　以上は抜粋であり、基本的に「尊皇・愛国・忠孝の道徳」をあらわし、国民道徳の絶対的権威であった。特に「以テ天壤無窮ノ皇運ヲ扶翼スヘシ」の部分は、日本の戦時体制構築に利用された面が大きい。学校の式典では朗読され、実質的に戦前の道徳や「特別活動」の根幹であった。

　日華事変が始まり、著しく超国家主義・軍国主義に傾き、より皇国民たらしめる教育となり、軍国教育と共に日本は戦争の時代を猛進する。

1945（昭和 20）年 8 月 15 日敗戦。それと共に日本の教育は再出発した。連合軍の指導により、教育は超国家主義・軍国主義的要素の完全排除と民主主義化が図られ、修身・日本歴史・地理の教科の授業が停止された。程なく歴史と地理の授業は再開されたが、戦前教育の要であった修身はついに復活されなかった。

「要するに、明治・大正期、昭和初期（第 2 次大戦終結まで）の教育は天皇制国家のもと、国家体制維持のための皇国民練成の教育」[1]だったが、大正デモクラシーを背景にした自由主義教育運動は、数少ない例外的存在であった。この時期に現代の「学芸会」「文化祭」の原型となる行事が学校教育に広まったことは、「運動会」「体育祭」「遠足」「修学旅行」が軍事的要素を持つことと対比して対照的であるといえる。

戦争前の教科である「修身」は「道徳」と関連の深い教科であるが、実際に「修身」の授業を受けた子どもには下記のような感想を述べる者もいた。

> 私のなによりきらいな学課は修身だった。高等科からは掛け図をやめて教科書をつかうことになってたが、どういう訳か表紙は汚いし、挿画はまずいし、紙質も活字も粗悪な手にとるさえ気持ちがわるいやくざな本で、載せてある話といえばどれもこれも孝行むすこが殿様から褒美をもらったの、正直者が金持ちになったのという筋の、しかも味もそっけもないものばかりであった。おまけに先生ときたらただもう最も下等な意味での功利的な説明を加えるより能がなかったので折角の修身はただに私をすこしも善良にしなかったのみならずかえってまったく反対の結果をさえひき起こした。このわずかに 11 か 12 の子供のたかの知れた見聞、自分ひとりの経験に照してみてもそんなことはとてもそのまま納得ができない。私は修身書は人を瞞著（まんちゃく）するものだと思った。それゆえ行儀が悪いと操行点をひかれるという恐ろしいその時間に頬杖をついたり、わき見をしたり、欠伸をしたり、鼻唄をうたったり、出来るだけ行儀を悪くして抑え難い反感をもらした[2]。

討議 1 上記の文章を読み、思うところを述べ、意見を交換しなさい。

-
-
-
-
-
-

〈手がかり〉

瞞著とは「だます」という意味である。「孝行むすこが殿様から褒美をもらった」話や「正直者が金持ちになった話」が、「味もそっけもない」ものとされ、そのうえ先生は「下等な意味」での「功利的な説明」しかしなかったので主人公の少年には子どもをだますものとして「修身」が認識されていたのである。当時の小学校は尋常科4年、高等科4年となっていたが、この小説の主人公が高等科になったとき、日清戦争がはじまり、学校内の雰囲気も好戦的なものになっていく。修身科もまた日本が戦争状況にすすむなかで効果的に活用された面がある。

1946（昭和21）年のアメリカ教育使節団の視察により、修身に代わる「公民教育」の実施が示された。それは戦前の修身教育の徳目主義・形式主義的指導法を批判し、正確な社会認識とそれに基づく行動の育成に重点が置かれたもので、子どもの個性と自発性の尊重、合理的な精神の育成を目指し、全学校活動の生活指導を通じて行われた。

1955（昭和30）年に「社会科学習指導要領」で道徳教育における社会科の重要性と、道徳教育強化のための時間の特設の必要性が説かれる。

1958（昭和33）年には「道徳」の時間の特設が決定された。これについては、戦前の修身科の復活であるとの批判の声も大きかったが、道徳教

育推進側はその目的を偶然性によらない計画的な道徳教育にあるとした。戦前の道徳教育が、総じて国家のための人格形成の教育であったことは明らかであるが、戦後については学習指導要領の変遷についても整理しておく必要がある。

(2) 学習指導要領における「特別活動」「道徳」の変遷
① 1947（昭和22）年の学習指導要領（試案）

　従来の「修身」「日本歴史」及び「日本地理」を廃し、「社会科」を新設。男女共に学習する「家庭科」を設ける（小学校）。中学校では「職業科」を新設する。

　戦後教育改革に基づく「教科課程」として、経験主義の理念のもと、「試案」の形で作成された。

　高等学校のみ1949（昭和24）年に一部改訂され、体育科は保健体育科に、国史は日本史に、自由研究は「特別教育活動」にあらためられる。

　教科「自由研究」が、通常の教科で学習したことを有機的に発展させて自発的に学ぶ時間として想定され、この教科が「特別活動」の原型になる。以下、実際に指導要領の記述を考察してみよう。

　　（四）自由研究も、新しい教科課程で、はじめてとりあげたものであるが、この時間を、どんなふうに用いて行くかについては、少しく説明を要するかと思う。

　　後に述べるように、（指導法一般参照）教科の学習は、いずれも児童の自発的な活動を誘って、これによって学習がすすめられるようにして行くことを求めている。そういう場合に、児童の個性によっては、その活動が次の活動を生んで、一定の学習時間では、その活動の要求を満足させることができないようになる場合が出て来るだろう。たとえば、音楽で器楽を学んだ児童が、もっと器楽を深くやってみたいと要求するようなことが起るのがそれである。こういう時には、もちろん、児童は家庭に帰ってその活動を営むことにもな

ろうし、また、学校で放課後にその活動を営むことにもなろう。しかし、そのような場合に、児童がひとりでその活動によって学んで行くことが、なんのさしさわりがないばかりか、その方が学習の進められるのにも適当だということもあろうが、時としては、活動の誘導、すなわち、指導が必要な場合もあろう。このような場合に、何かの時間をおいて、児童の活動をのばし、学習を深く進めることが望ましいのである。ここに、自由研究の時間のおかれる理由がある。たとえば、鉛筆やペンで文字の書き方を習っている児童のなかに、毛筆で文字を書くことに興味を持ち、これを学びたい児童があったとすれば、そういう児童には自由研究として書道を学ばせ、教師が特に書道について指導するようにしたい。つまり、児童の個性の赴くところに従って、それを伸ばして行くことに、この時間を用いて行きたいのである。だから、もちろん、どの児童も同じことを学ぶ時間として、この時間を用いて行くことは避けたい。

こうして、児童青年の個性を、その赴くところに従って、のばして行こうというのであるから、そこには、さまざまな方向が考えられる。ある児童は工作に、ある児童は理科の実験に、ある児童は書道に、ある児童は絵画にというふうに、きわめて多様な活動がこの時間にいとなまれるようになろう。

このような場合に、児童が学年の区別を去って、同好のものが集まって、教師の指導とともに、上級生の指導もなされ、いっしょになって、その学習を進める組織、すなわち、クラブ組織をとって、この活動のために、自由研究の時間を使って行くことも望ましいことである。たとえば、音楽クラブ、書道クラブ、手芸クラブ、あるいはスポーツ・クラブといった組織による活動がそれである。

このような用い方は、要するに、児童や青年の自発的な活動のなされる余裕の時間として、個性の伸長に資し、教科の時間内では伸ばしがたい活動のために、教師や学校長の考えによって、この時間を用いたいというのであるが、なお、児童が学校や学級の全体に対して負うている責任を果たす―たとえば、当番の仕事をするとか、学級の委員としての仕事をするとか―ために、この時間をあてることも、その用い方の一つといえる。

(「1947（昭和22）年　学習指導要領一般編（試案）」「第3章　教科課程」「1教

科課程はどうしてきめるか」から引用）

討議2 上記の文章を読み思うところを述べ、意見を交換しなさい。

・
・
・
・
・
・

〈手がかり〉
　第1段落の最後に「どの児童も同じことを学ぶ時間として、この時間を用いて行くことは避けたい」とあるのは興味深い。子どもたちがばらばらに各自がしたいことをしているという状況はもともと授業としては成立し難い面があったのかもしれない。「クラブ組織をとって、この活動のために、自由研究の時間を使って行うことも望ましいことである」という記述から当時のクラブ活動と「自由研究」との関係性も想像することができる。現代の「特別活動」との共通点や相違点、時代状況等について考えたい。

　○この時期は補導人員等をもとにしたデータとして1951（昭和26）年をピークとする「非行の第1波」があり、「戦後の混乱と物資の欠乏という経済的困窮という社会状況の中で、とにかく生きるために物資の絶対的不足を補うための「生存型非行」、すなわち、食糧や衣類などの生活必需品の窃盗を中心とするものが圧倒的多数」[3]であったとされる。

② 1951（昭和26）年の改訂（試案）
　道徳教育は，学校教育のあらゆる機会に指導すべきであるとした。

教科は、
・学習の基礎となる教科（国語・算数）
・社会や自然についての問題解決を図る教科（社会・理科）
・主として創造的な表現活動を行う教科（音楽・図画工作・家庭）
・健康の保持増進を図る教科（体育）の4つの経験領域に分ける。
　各経験領域に充てる授業時数を教科の総授業時数に対する比率で示した。
　「試案」の形ではあるが、新たに設置された教育課程審議会の答申に基づき、従来の「教科課程」の語を「教育課程」と改めて示された。
　教科「自由研究」については、理解が進まず、また現場における適切な実施も物理的条件として困難であったため発展的に廃止され、小学校では「教科以外の活動」に再編し、中学校・高等学校では「特別教育活動」とした。以下、指導要領の記述をもとに考察してみよう。

　(2) 自由研究の時間に代わって、新たに教科以外の活動の時間を設けたことについて

　　ここに示唆された「教科とその時間配当表」には従来あった自由研究がなくなっている。昭和22年度に発行された学習指導要領一般編には、自由研究の時間の用い方として、(1) 個人の興味と能力に応じた教科の発展としての自由な学習、(2) クラブ組織による活動、(3) 当番の仕事や、学級要員としての仕事をあげている。これらの活動は、すべて教育的に価値あるものであり、今後も続けられるべきであろうが、そのうち、自由研究として強調された個人の興味と能力に応じた自由な学習は、各教科の学習指導法の進歩とともにかなりにまで各教科の学習の時間内にその目的を果すことができるようになったし、またそのようにすることが教育的に健全な考え方であるといえる。そうだとすれば、このために特別な時間を設ける必要はなくなる。
　　他方、特別な教科の学習と関係なく、現に学校が実施しており、また実施すべきであると思われる教育活動としては、児童全体の集会、児童の種々な

委員会・遠足・学芸会・展覧会・音楽会・自由な読書・いろいろなクラブ活動等がある。これらは教育的に価値があり、こどもの社会的、情緒的、知的、身体的発達に寄与するものであるから、教育課程のうちに正当な位置をもつべきである。実際、教科の学習だけではじゅうぶん達せられない教育目標が、これらの活動によって満足に到達されるのである。

　このように考えてくると、自由研究というよりも、むしろ教科以外の教育的に有効な活動として、これらの活動を包括するほうが適当である。そこで自由研究という名まえのもとに実施していた、いくつかの活動と、さらに広く学校の指導のもとに行われる諸活動を合わせて、教科以外の活動の時間を設けたのである。

　教科以外の活動としては，どのようなものを選び，どのくらいの時間をそれにあてるかは，学校長や教師や児童がその必要に応じて定めるべきことである。しかしながら，ここに一例を示すならば，次のような諸活動を考えてみることができる。

(a) 民主的組織のもとに、学校全体の児童が学校の経営や活動に協力参加する活動（以降、項目のみを記す）
　（ⅰ）児童会（従来自治会といわれたもの）
　（ⅱ）児童の種々な委員会
　（ⅲ）児童集会
　（ⅳ）奉仕活動

(b) 学級を単位としての活動
　（ⅰ）学級会
　（ⅱ）いろいろな委員会
　（ⅲ）クラブ活動

(「1951（昭和26）年　学習指導要領一般編（試案）Ⅱ教育課程　1　小学校の教科と時間配当」から引用)

討議 3 上記の文章を読み、思うところを述べ、意見を交換しなさい。

-
-
-
-
-
-

〈手がかり〉

　第2段落に「実際、教科の学習だけではじゅうぶん達せられない教育目標が、これらの活動によって満足に到達されるのである」と記述があることをもとに、「教科だけで達せられない教育目標が特別活動によって満足された」ような具体例が受講生の過去の経験にあったかを確認してもよいだろう。「教科以外の活動」の分類を現代の「特別活動」と対比してみることも意義ある作業である。

③ 1958（昭和33）年 の改訂：実施は 1962（昭和37）年

　学習指導要領は教育課程の基準として文部大臣が公示するものであるとした。

　「道徳の時間」を特設し、道徳教育の徹底を図る。小・中学校では「道徳の時間」、高等学校では「倫理社会」がそれぞれ新設された。

　基礎学力としての国語・算数の充実と、科学技術教育の向上を図るために算数・理科の充実が目指され、各教科の系統性が重視される。経験主義や単元学習への批判、各教科の系統性の重視、基礎学力の充実と科学技術教育の振興などへの対応として改訂された。

　小学校・中学校・高等学校を通じて「特別教育活動」に名称を統一した。

　「進路指導は、知識を重点とする指導から、担任教師によるガイダンス

として行なわれる」[4]ようになり、「進路指導」が特別教育活動として明確に位置づけられる。

この時期には1964（昭和39）年をピークとする「非行の第2派」があり、「日米安保条約の締結に代表されるような国内の政治的対立が表面化し、それに伴う体制や権威への反抗としての少年非行が高い割合となって」[5]いるという指摘もある。一方では、「中学校卒業生で希望する者はすべて入学させることを建て前」（文部省初中局長通達、1951年）としていたものが、「高校のコース制・高校通学区の拡大・全国中学校一斉学力テストの実施（1961〜1964年）を経て、1963年には、高校教育を受けるためには資格と能力を判定するための選抜試験を行わなければならないという適格者主義に変更」[6]するという事態があり、「受験戦争」という言葉が生まれたという背景もある。いずれにせよ「神武景気といわれた経済的繁栄の中、経済的な格差を背景として、暴力、障害、脅迫、恐喝などの「粗暴型非行」が見られた」[7]という時期でもある。

④小学校　1968（昭和43）年の改訂：実施は1971年
⑤中学校　1969（昭和44）年の改訂：実施は1972年
⑥高等学校　1970（昭和45）年の改訂：実施は1973年

小学校の教育課程を「各教科」「道徳」「特別活動」の3領域と定める。

「特別教育活動」と「学校行事等」が統合され、小・中学校では「特別活動」、高等学校では「各教科以外の教育活動」となり、高等学校ではクラブ活動が必修化された。

1983年ピークの「少年非行の第三派」は「物の豊かさに伴う遊び型非行」[8]とも表現されるし、「生きるための「生存型非行」から、ストレス解消のための「遊び型非行」へと、非行の内容がその時代の世相を反映して質的に変容していった」[9]結果の非行であるともされる。指導要領では学習内容の削減がなされていく。

⑦ 1977（昭和52）年の改訂：高校の改訂は1978年
⑧ 小学校の実施は1980年　中学校の実施は1981年　高校の実施は1982年

　ゆとりと充実した学校生活を実現するために、各教科の標準時数を約1割削減する。
　「各教科以外の特別活動」が「特別活動」と改称された。

⑩ 1989（平成元）年の改訂：小学校の実施は1992年　中学校の実施は1993年　高校の実施は1994年

　「道徳教育の内容」が現行の4つの視点「1　主として自分自身、2　主として他の人、3　主として自然や崇高なもの、4　主として集団や社会──とのかかわり」に関することにまとめられた。
（改訂のポイント）
・国旗・国歌の指導の充実・強化が図られた。

　小学校・中学校で設けられていた「学級会活動」と「学級指導」が統合し「学級活動」として成立。「学級会活動」は、児童・生徒の自発的な運営を中心とする活動であり、「学級指導」は、主に学級担任やホームルーム担任の教員の運営を中心とする活動である。2つとも学級に関する活動であるが、活動の主体の区分がなくなる。

⑪ 1998（平成10）年の改訂：小学校・中学校の実施は2002年　高等学校の実施は2003年

　4つの視点を基本として「心のノート」が小学校・中学校で配られる。
　生きる力の育成とゆとりある教育をねらいとし、自ら学び自ら考える力の育成、教育内容の厳選と基礎基本の確実な定着、特色ある教育・学校づくりを目指して改訂された。学校完全週5日制も実施され、授業時数の2

単位時間削減、教育内容の約3割削減が行われた。
（改訂のポイント）
・小学校中学年～高等学校で「総合的な学習の時間」が新設された。特別活動の要素も取り込んだ授業ともいえる。
・中学校・高等学校で外国語が必修化されるとともに、クラブ活動が廃止された。

⑫ 2008（平成21）年の改訂：小学校の実施は2011年　中学校の実施は2012年　高校の実施は2013年

総授業時間数が増加し、小学校高学年で外国語活動必修化され、理数教育が増加される一方で総合的な学習の時間が削減される。「ゆとり教育」への反動ともいえる改訂である。

文部科学省の有識者会議「道徳教育の充実に関する懇談会」は早ければ2015年度から「道徳」の教科化ができるように提言をしている。

(3) 学校ドラマに見られる「道徳」の変遷

佐藤晴雄『教職概論（第3次改訂版）』（学陽書房　2010）によれば、次のように学校ドラマの主人公は分類されている。

①スポーツ根性型教師　1965（昭和40）年頃
「青春」シリーズのドラマ「根性や青春を体当たりで教える教師」[10]
②アイドル型教師　1970（昭和40年代半ば）年頃
③人情型教師　1970（昭和50）年頃
いずれも、「前向き」「健康的」という点で道徳的教師
④問題教師型　1993（平成5）年『高校教師』[11]
十分大人になりきれない教師が女生徒と禁断の愛を交わすストーリー（反道徳的ともいえる）
⑤スーパー教師型　2005（平成18）年『女王の教室』[12]

過度に厳しい教師（反道徳的ともいえる）

○『女王の教室　エピソード』にみる主人公の新任時代

　　十数年前、新学期、初めて6年生を担当することになった25歳の真矢は、緊張と希望に満ちた面持ちで神原小学校6年1組の教壇に立っていた。

　「みんなと仲良くなって楽しい思い出をいっぱいつくっていきたいと思います。友だちだと思って何でも相談してね」。

　明るく元気な声で語りかけるが、熱意溢れる真矢とは裏腹に子供たちは白けた表情を返した。それでも真矢は自分の理想を分かってほしいと明るく接し続けた。出来ない子は丁寧に励まし、そんなことに時間をとられていたら授業が遅れると文句を言う子には「一緒に勉強する仲間なんだから」と優しく諭した。しかし真矢のやり方はなかなか受け入れられず、しまいには桐谷教頭から注意を受けてしまうのだった。事態は悪化する一方で、クラスはバラバラ、熱意は空回り。そしてついに保護者からはクレームが出てしまう[13]。

○『女王の教室　本編』にみる「女王」に変化した後の主人公

　「わたしがあなたたちにした以上のひどいことは、世の中にいくらでもあるの。人間が生きている限り、いじめは永遠に存在するの。なぜなら、人間は弱いものをいじめるのに喜びを見出す動物だからです。悪いものや強いものに立ち向かう人間なんてドラマやマンガの中だけの話で、現実にはほとんどないんです。大事なのは、将来、自分たちがそういうイジメに遭ったとき、それに耐える力や解決する方法を身につけておくことなんです」[14]。

討議4 新任時代からの変化について思うところを述べなさい。

-
-
-
-
-
-

〈手がかり〉

「できない子は丁寧に励まし、そんなことに時間をとられていたら授業が遅れると文句を言う子には「『一緒に勉強する仲間なんだから』と優しく諭し」ていた新任時代は、できない子どもに配慮した学級経営といえるが、ベテラン教員になってからは例えば「日本という国はそういう特権階級の人が楽しく暮らせるように、あなたたち凡人が安い給料で働き、高い税金を払うことで成り立っているんです。知ってる？　特権階級の人があなたたちになにを望んでいるか。今のままずーっと愚かでいてくれればいい、世の中の仕組みや不公平なんかに気付かず、テレビやマンガでも見てなにも考えず、会社に入れば、上司の言うことをおとなしく聞いて、戦争が始まったら、真っ先に危険なところに行ってくれればいいの」という挑発によって生徒を刺激している。この先生の「ルールを乱したり、反省しなかったりする人間には罰を与えます」というやり方は過剰でやりすぎの道徳指導といえる。

　これ以外にも様々なドラマを素材にして道徳や特別活動について考える場を設定してみたい。受講者自身が教材を探す姿勢を重視したいものである。

　視聴覚補助教材としては、このドラマ『女王の教室』の他にも『金八先生』シリーズ等も活用可能である。

第2節　特別活動の具体的実践

　ここでは、特に小中学校の学習指導要領の内容を引用しながら①「学級活動」②「児童会・生徒会活動」③「学校行事」の3項目について受講者自身のふりかえり作業を中心にその具体的実践を確認する。

(1) 学級活動
①学級や学校の生活づくり

〔小学校の場合〕
1　目標
　学級活動を通して、望ましい人間関係を形成し、集団の一員として学級や学校におけるよりよい生活づくりに参画し、諸問題を解決しようとする自主的、実践的な態度や健全な生活態度を育てる。

2　内容
〔第1学年及び第2学年〕
　学級を単位として、仲良く助け合い学級生活を楽しくするとともに、日常の生活や学習に進んで取り組もうとする態度の育成に資する活動を行うこと。
〔第3学年及び第4学年〕
　学級を単位として、協力し合って楽しい学級生活をつくるとともに、日常の生活や学習に意欲的に取り組もうとする態度の育成に資する活動を行うこと。
〔第5学年及び第6学年〕
　学級を単位として、信頼し支え合って楽しく豊かな学級や学校の生活をつくるとともに、日常の生活や学習に自主的に取り組もうとする態度の向上に資する活動を行うこと。
〔共通事項〕
(1) 学級や学校の生活づくり
　ア　学級や学校における生活上の諸問題の解決
　イ　学級内の組織づくりや仕事の分担処理
　ウ　学校における多様な集団の生活の向上

〔中学校の場合〕
1　目標
　学級活動を通して、望ましい人間関係を形成し、集団の一員として学級や学校におけるよりよい生活づくりに参画し、諸問題を解決しようとする自主

的、実践的な態度や健全な生活態度を育てる。

　2　内容
　　学級を単位として、学級や学校の生活の充実と向上、生徒が当面する諸課題への対応に資する活動を行うこと。

(1) 学級や学校の生活づくり
　　ア　学級や学校における生活上の諸問題の解決
　　イ　学級内の組織づくりや仕事の分担処理
　　ウ　学校における多様な集団の生活の向上

(3) 学業と進路
　　ア　学ぶことと働くことの意義の理解
　　イ　自主的な学習態度の形成と学校図書館の利用
　　ウ　進路適性の吟味と進路情報の活用
　　エ　望ましい勤労観・職業観の形成
　　オ　主体的な進路の選択と将来設計

討議5　上記の学習指導要領の文章を読み、自分自身の経験した「学級活動」をふりかえり、意見を交換しなさい。

・
・
・
・
・
・

〈手がかり〉
　「内容」については同じ文言であるが、学級通信の発行回数が多いのも、学級委員の種類が豊富なのも、一般的には小学校であり、学級担任と共有

する時間が長い小学生時代の方が、受講生にとっての思い出も多いのではないだろうか。「清掃活動」も含めて様々な事柄を思い出させたい。小学校高学年から中学校にかけては同年代の異性を意識する時期にもなる。中学生には「学業と進路」という項目が付加され、進路指導に関わる点では中学校の担任の影響は重大といえる。また、一般的には中学校の方が大規模校であり、クラス替による変化も中学校の方が大きい。相性の合う学級担任もあれば合わない担任もおり、そのことは学級活動にも何らかの影響は与えただろう。そうしたことも含めて色々な「ふりかえり」をしたい。

②適応と成長及び健康安全

〔小学校〕
(2) 日常の生活や学習への適応及び健康安全
　ア　希望や目標をもって生きる態度の形成
　イ　基本的な生活習慣の形成
　ウ　望ましい人間関係の形成
　エ　清掃などの当番活動等の役割と働くことの意義の理解
　オ　学校図書館の利用
　カ　心身ともに健康で安全な生活態度の形成
　キ　食育の観点を踏まえた学校給食と望ましい食習慣の形成

〔中学校〕
(2) 適応と成長及び健康安全
　ア　思春期の不安や悩みとその解決
　イ　自己及び他者の個性の理解と尊重
　ウ　社会の一員としての自覚と責任
　エ　男女相互の理解と協力
　オ　望ましい人間関係の確立
　カ　ボランティア活動の意義の理解と参加
　キ　心身ともに健康で安全な生活態度や習慣の形成

ク　性的な発達への適応
　　ケ　食育の観点を踏まえた学校給食と望ましい食習慣の形成

討議6　上記の文章を読み、自分自身の経験した「適応や健康安全」に関する学校の取り組みをふりかえり、意見を交換しなさい。

　・
　・
　・
　・
　・

〈手がかり〉

　中学校では「性的な発達への適応」という小項目が付加され、さらに「学業と進路」の大項目が新しく設けられている。成長段階による違いにも留意したい。校務分掌としては「保健課」や「生活指導課」の領域になる。また、小学校の道徳の学習指導要領〔第5学年及び第6学年〕の第1の視点の中には「生活習慣の大切さ」「より高い目標を立て、希望と勇気をもってくじけないで努力」という文言があり、同じく小学校の項目「ア　希望や目標をもって生きる態度の形成　イ　基本的な生活習慣の形成」と共通の要素がある。中学校を例にすれば、道徳教育の第4の視点と「ウ　社会の一員としての自覚と責任」とはよく類似している。このように、道徳教育の項目と対比してみることも意義のある作業である。

(2) 児童会・生徒会活動

　　〔小学校の場合〕— 児童会
　　1　目標

児童会活動を通して、望ましい人間関係を形成し、集団の一員としてよりよい学校生活づくりに参画し、協力して諸問題を解決しようとする自主的、実践的な態度を育てる。

2　内容
　学校の全児童をもって組織する児童会において、学校生活の充実と向上を図る活動を行うこと。
（1）児童会の計画や運営
（2）異年齢集団による交流
（3）学校行事への協力

〔中学校の場合〕 ― 生徒会
1　目標
　生徒会活動を通して、望ましい人間関係を形成し、集団や社会の一員としてよりよい学校生活づくりに参画し、協力して諸問題を解決しようとする自主的、実践的な態度を育てる。

2　内容
　学校の全生徒をもって組織する生徒会において、学校生活の充実と向上を図る活動を行うこと。
（1）生徒会の計画や運営
（2）異年齢集団による交流
（3）生徒の諸活動についての連絡調整
（4）学校行事への協力
（5）ボランティア活動などの社会参加

討議7　上記の文章を読み自分自身の経験した「児童会・生徒会活動」をふりかえり、意見を交換しなさい。

・
・

-
-
-
-

〈手がかり〉

　児童会も生徒会もそれぞれの学校の子どもたちの主体意識によってその活動内容には大きな差がある。なかなか立候補者が集まらず、形式・名前だけの場になっているケースもあれば、校則等の学校の取り決めに対して教員側との意見調整をするような取り組みもある。古い映像ではあるが、ここでは生徒会に関わる視聴覚教材を2つ紹介しておく。

視聴覚補助教材1 『どぶ川学級』（1972年）

　大学3年生で学費をためる目的で関東鉄工で働いていた須藤が、グレている明の家庭教師を頼まれる。反抗的な態度をとっていた明は、母の涙ながらの頼みと、しつこく追いまわす須藤に根負けして、しぶしぶ勉強をはじめ、結果的に「どぶ川学級」と名づけられる勉強会へとつながっていく。映画ではこの勉強会に関わる部分が全体の主要部分になるが、後半に生徒総会が盛り上がりを示すシーンがある。学校の教育方針・教師たちの暴力・ひいきへの批判があり、その発言を支持する生徒たちも出現するが、校長は生徒会の流会を宣言する。多くの教師がそれに従おうとするなかで一部の教員が生徒側を支持し、生徒会は続行され、再び討論がつづけられていく。現代の感覚からすれば、教員の姿勢も極端であり、生徒たちがこのように活発な議論をする姿にリアリティのない一面もあるが、生徒会活動の意義を考える材料として有効である。

視聴覚補助教材2 『嵐の中のイチゴたち』（1989年）

　不良グループが暴れまわるような中学校で気弱な生徒が生徒会長をして、学内でのいじめや暴力をなくそうと、自分達の手で暴力追放のポスターを貼ろうと呼びかける。ポスター貼りはすぐに剥がされるが、剥がされるとまたすぐ貼り返すという行動を繰り返すうちに生徒達にも協力者が増えてきて、次第にポスター運動は盛り上がる。不良グループは、生徒会と対決する決意を決め、授業妨害をしようと企てるが、体育館に乗り込んだ彼らは、そこで生徒が一体となって暴力に立ち向かおうとする集会の姿を目の前にする。受講者のなかには「こんなにうまくことが進むものだろうか」と疑念を抱く者もいるかもしれないが、生徒会活動の一つの可能性を示している映画ではある。

(3) 学校行事
1) 儀礼的行事・文化的行事

〔小学校の場合〕
1　目標
　学校行事を通して、望ましい人間関係を形成し、集団への所属感や連帯感を深め、公共の精神を養い、協力してよりよい学校生活を築こうとする自主的、実践的な態度を育てる。

2　内容
　全校又は学年を単位として、学校生活に秩序と変化を与え、学校生活の充実と発展に資する体験的な活動を行うこと。
(1) 儀式的行事
　　学校生活に有意義な変化や折り目を付け、厳粛で清新な気分を味わい、新しい生活の展開への動機付けとなるような活動を行うこと。
(2) 文化的行事
　　平素の学習活動の成果を発表し、その向上の意欲を一層高めたり、文化

や芸術に親しんだりするような活動を行うこと。

〔中学校の場合〕
1　目標
　学校行事を通して、望ましい人間関係を形成し、集団への所属感や連帯感を深め、公共の精神を養い、協力してよりよい学校生活を築こうとする自主的、実践的な態度を育てる。

2　内容
　全校又は学年を単位として、学校生活に秩序と変化を与え、学校生活の充実と発展に資する体験的な活動を行うこと。
(1) 儀式的行事
　　学校生活に有意義な変化や折り目を付け、厳粛で清新な気分を味わい、新しい生活の展開への動機付けとなるような活動を行うこと。
(2) 文化的行事
　　平素の学習活動の成果を発表し、その向上の意欲を一層高めたり、文化や芸術に親しんだりするような活動を行うこと。

|討議8|　上記の文章を読み、自分自身の経験した「儀礼的行事」「文化的行事」をふりかえり、意見を交換しなさい。

・
・
・
・
・

〈手がかり〉
　儀礼的行事の代表的なものは「卒業式」であろう。本来は卒業生が主人公なのだろうが来賓等の外部からの参加も多く、管理職が目立つ場でもある。

（1） 入場
（2） 開式のことば
（3） 卒業証書授与
（4） 学校長式辞
（5） 来賓祝辞
（6） 在校生送辞
（7） 卒業生答辞
（8） 卒業祝披露　（保護者からのお礼のことば等）
（9） 卒業式の歌
（10） 閉式のことば
（11） 退場

　一般的には上記のように進行するが、（3）卒業証書授与から（7）卒業生答辞　まで参加者は何度も何度もお辞儀をすることになる。生徒会が活発な学校では、（9）卒業式の歌　は卒業生が決める場合もあるし、卒業式とは別に「在校生から卒業生を祝う会」等が開催されることもある。

　「文化的行事」の代表例は文化祭となる。卒業式を担当する分掌は教務課であることが一般的であるのに対し、文化的行事は生徒指導課や生徒会主催であることが一般的である。卒業式に「厳粛」が求められるのに対し、文化的行事では時にお祭り気分が重視される。女生徒の多い学校では合唱コンクール等も活発であったりもする。各学校の個性が発揮される部分でもあるので、受講者個々の体験を是非とも意見交換したい。

2）健康安全・宿泊行事等

　〔小学校の場合〕
　　（3） 健康安全・体育的行事
　　　　心身の健全な発達や健康の保持増進などについての関心を高め、安全な行動や規律ある集団行動の体得、運動に親しむ態度の育成、責任感や連帯

感の涵（かん）養、体力の向上などに資するような活動を行うこと。

(4) 遠足・集団宿泊的行事

　　自然の中での集団宿泊活動などの平素と異なる生活環境にあって、見聞を広め、自然や文化などに親しむとともに、人間関係などの集団生活の在り方や公衆道徳などについての望ましい体験を積むことができるような活動を行うこと。

(5) 勤労生産・奉仕的行事

　　勤労の尊さや生産の喜びを体得するとともに、ボランティア活動などの社会奉仕の精神を養う体験が得られるような活動を行うこと。

〔中学校の場合〕

(3) 健康安全・体育的行事

　　心身の健全な発達や健康の保持増進などについての理解を深め、安全な行動や規律ある集団行動の体得、運動に親しむ態度の育成、責任感や連帯感の涵養、体力の向上などに資するような活動を行うこと。

(4) 旅行・集団宿泊的行事

　　平素と異なる生活環境にあって、見聞を広め、自然や文化などに親しむとともに、集団生活の在り方や公衆道徳などについての望ましい体験を積むことができるような活動を行うこと。

(5) 勤労生産・奉仕的行事

　　勤労の尊さや創造することの喜びを体得し、職場体験などの職業や進路にかかわる啓発的な体験が得られるようにするとともに、共に助け合って生きることの喜びを体得し、ボランティア活動などの社会奉仕の精神を養う体験が得られるような活動を行うこと。

討議9 上記の文章を読み、自分自身の経験した「体育的行事」「宿泊的行事」などをふりかえり、意見を交換しなさい。

-
-
-
-
-

〈手がかり〉

　「体育的行事」の代表例は運動会や体育祭である。基本的には「かけっこ」「短距離走」等の個人参加種目と「綱引き」「大縄跳び」等の団体参加種目とに分かれる。（小学校低学年や女子の多い学校では、玉入れに代表されるような親睦的種目もある）。児童会や生徒会の活動が活発な学校では「応援合戦」も盛んであることが多い。太鼓に合わせて「フレー、フレー、1組」等とエールを送ったり、創作ダンスを披露するようなこともある。異学年をひとつの団に編成した「団活動」と呼ばれるまとまりを結成し、ふだんは見られないような異年齢間の関わりを積極的に推進するような学校もあり、個々の受講者自身の「ふりかえり」と情報交換を重視することによって比較考察を是非実施したい。

　「運動会」「体育祭」については世界的に見てもかなり個性的な行事であることには留意しておきたい。初代文部大臣森有礼が、国民の気質鍛錬のために兵式体操とともに奨励したものであり、日清戦争前後に学校行事として定着し、「軍事訓練的な意味合いをもちながら運動会が広まっていった」[15]ことは確かである。「遠足」も運動会に参加するために長距離を行進することで身体の鍛錬を図る「遠足運動」が発端であり、「名所旧跡・神社仏閣を巡り、敬神の念や愛国心などの道徳性心性を培うこと」[16]を目

的とする面があったことも明らかである。このように考えていくと、特別活動には軍事的意味合いを持つものも多いが、現代ではたとえば沖縄・広島・長崎への修学旅行を平和教育のひとつとして位置づける取り組みも数多く実施されており、極めて有意義である。受講生にとって議論が深まればよい。

視聴覚補助教材3 『夜のピクニック』（2006年）

　原作では「朝の8時から翌朝の8時まで歩くというこの行事は、夜中に数時間の仮眠を挟んで前半が団体歩行、後半が自由歩行」[17]と説明されており、自由歩行では、全校生徒が一斉にスタートし、母校のゴールを目指す。そして、ゴール到着が全校生徒中何番目かという順位がつくが、順位に命を懸けているのは上位を狙う運動部の生徒だけで、大部分の生徒は歩き通すのが最大の目標──と紹介されている行事の映画化であり、体育的行事でもあり半ば宿泊的行事ともいえる。

　この歩行祭という学校行事が始まった理由については「かつては修学旅行があって、関西方面に行った時、地元の高校生と乱闘になって、以降修学旅行の代わりにこの行事になったという説」[18]が有力である。過去に、「制服廃止運動」が全国の高校に吹き荒れたときの名残でこの小説の舞台の学校には制服がない、ということも、生徒会活動にとっては興味深いところである。この行事の前日の様子をオムニバス形式で映像にした『ピクニックの準備』には歩行祭実行委員会も取り上げられているので、本編とともに部分的に視聴覚教材とすることで学校行事の雰囲気を鑑賞することができる。

　なお、2001年に公開された岩井俊二監督『リリイ・シュシュのすべて』（その後ビデオ化）では、学校行事の合唱コンクールで学級をまとめるのに苦労している学級委員長の姿や、2008年に公開された中原俊監督の『桜

の園』では演劇部をまとめる部長や顧問の姿が描かれている。学校行事については、このように部分的に活用可能な視聴覚補助教材は豊富にあると思われるので受講者にも確認したい。

〔クラブ活動〕― 小学校のみ
　1　目標
　　クラブ活動を通して、望ましい人間関係を形成し、個性の伸長を図り、集団の一員として協力してよりよいクラブづくりに参画しようとする自主的、実践的な態度を育てる。

　2　内容
　　学年や学級の所属を離れ、主として第4学年以上の同好の児童をもって組織するクラブにおいて、異年齢集団の交流を深め、共通の興味・関心を追求する活動を行うこと。
　(1) クラブの計画や運営
　(2) クラブを楽しむ活動
　(3) クラブの成果の発表

　小学校だけに特有のものとして上記の4年生以上の「クラブ活動」があり、放課後に実施される「部活動」とは区別される。ここまで義務教育における特別活動の比較考察を中心に紹介してきた。以下、参考に高等学校の学習指導要領も掲載しておく。高校に関しては、学校によって特別活動のありかたにかなりのばらつきがあるので、まずは義務教育について受講者の経験を整理する方が手順としてはわかりやすいのではないかと考える。

〔高等学校〕
　第1　目標
　　望ましい集団活動を通して、心身の調和のとれた発達と個性の伸長を図り、集団や社会の一員としてよりよい生活や人間関係を築こうとする自主的、実

践的な態度を育てるとともに、人間としての在り方生き方についての自覚を深め、自己を生かす能力を養う。

第2　各活動・学校行事の目標及び内容

〔ホームルーム活動〕
1　目標
　ホームルーム活動を通して、望ましい人間関係を形成し、集団の一員としてホームルームや学校におけるよりよい生活づくりに参画し、諸問題を解決しようとする自主的、実践的な態度や健全な生活態度を育てる。

2　内容
　学校における生徒の基礎的な生活集団として編成したホームルームを単位として、ホームルームや学校の生活の充実と向上、生徒が当面する諸課題への対応に資する活動を行うこと。
(1)　ホームルームや学校の生活づくり
　　ア　ホームルームや学校における生活上の諸問題の解決
　　イ　ホームルーム内の組織づくりと自主的な活動
　　ウ　学校における多様な集団の生活の向上
(2)　適応と成長及び健康安全
　　ア　青年期の悩みや課題とその解決
　　イ　自己及び他者の個性の理解と尊重
　　ウ　社会生活における役割の自覚と自己責任
　　エ　男女相互の理解と協力
　　オ　コミュニケーション能力の育成と人間関係の確立
　　カ　ボランティア活動の意義の理解と参画
　　キ　国際理解と国際交流
　　ク　心身の健康と健全な生活態度や規律ある習慣の確立
　　ケ　生命の尊重と安全な生活態度や規律ある習慣の確立
(3)　学業と進路
　　ア　学ぶことと働くことの意義の理解

イ　主体的な学習態度の確立と学校図書館の利用
　ウ　教科・科目の適切な選択
　エ　進路適性の理解と進路情報の活用
　オ　望ましい勤労観・職業観の確立
　カ　主体的な進路の選択決定と将来設計

〔生徒会活動〕
1　目標
　生徒会活動を通して、望ましい人間関係を形成し、集団や社会の一員としてよりよい学校生活づくりに参画し、協力して諸問題を解決しようとする自主的、実践的な態度を育てる。

2　内容
　学校の全生徒をもって組織する生徒会において、学校生活の充実と向上を図る活動を行うこと。
(1) 生徒会の計画や運営
(2) 異年齢集団による交流
(3) 生徒の諸活動についての連絡調整
(4) 学校行事への協力
(5) ボランティア活動などの社会参画

〔学校行事〕
　学校行事を通して、望ましい人間関係を形成し、集団への所属感や連帯感を深め、公共の精神を養い、協力してよりよい学校生活や社会生活を築こうとする自主的，実践的な態度を育てる。

2　内容
　全校若しくは学年又はそれらに準ずる集団を単位として、学校生活に秩序と変化を与え、学校生活の充実と発展に資する体験的な活動を行うこと。
(1) 儀式的行事
　　学校生活に有意義な変化や折り目を付け、厳粛で清新な気分を味わい、

新しい生活の展開への動機付けとなるような活動を行うこと。
(2) 文化的行事
　　平素の学習活動の成果を総合的に生かし、その向上の意欲を一層高めたり、文化や芸術に親しんだりするような活動を行うこと。
(3) 健康安全・体育的行事
　　心身の健全な発達や健康の保持増進などについての理解を深め、安全な行動や規律ある集団行動の体得、運動に親しむ態度の育成、責任感や連帯感の涵養、体力の向上などに資するような活動を行うこと。
(4) 旅行・集団宿泊的行事
　　平素と異なる生活環境にあって、見聞を広め、自然や文化などに親しむとともに、集団生活の在り方や公衆道徳などについての望ましい体験を積むことができるような活動を行うこと。
(5) 勤労生産・奉仕的行事
　　勤労の尊さや創造することの喜びを体得し、就業体験などの職業観の形成や進路の選択決定などに資する体験が得られるようにするとともに、共に助け合って生きることの喜びを体得し、ボランティア活動などの社会奉仕の精神を養う体験が得られるような活動を行うこと。

第3節　校務分掌と道徳・特別活動

　学級担任以外の校務分掌について、その仕事内容を整理してみる。進路指導部は小学校にはおかれない等々校種によってもその内容は異なる。また同じ校種であっても、その学校の特性によって分掌は異なる。例えば、①の教務と総務は統合されている場合も多い。教育実習の窓口はこの①の分掌で受け持つことが、ほとんどである。②の生徒指導と生徒会も統合されている場合が多い。一般に生徒会活動の活発な学校では生徒会が独立している。どちらかといえば生徒を統括・管理しておく要素の強い生徒指導と、生徒の自発的活動を促す生徒会とでは、緊張関係になる場合もある。
　1975年の学校教育法施行規則の改正により、「調和のとれた学校運営

が行われるためにふさわしい校務分掌の仕組みを整える」ことをねらいとして<u>主任等の設置が①③は小学校で、④までは中学校・高校でそれぞれ規定されている。</u>(規定されていいない文章は○で表示)

このほかに各学年で「学年会」があり、学年主任もいる。学級担任をしていれば分掌に入らない場合もあるが、多くの学校では学級担任と分掌とは兼務で、主任は分掌専属となっている。

①教務
　　年間行事（道徳指導の計画を含む）
　　授業の時間割や定期テストの時間割の作成
　　児童・生徒の学籍・成績評価に関する事務処理
　　教科書に関する事務処理
　　教育課程（カリキュラム）の検討、など

①総務・庶務
　　式典（入学式・卒業式・始業式・周年行事など）の企画
　　学校広報活動や広報紙の作成
　　避難訓練の計画・実施
　　同窓会との連絡・調整など
　　保護者団体（**PTA**や後援会など）→ 事務部と協力しながら

①生徒指導・生活指導部
　　規範意識の育成という点で「道徳教育」と重なる
　　児童・生徒の生活上の指導指針の作成
　　児童・生徒間のトラブルの処理
　　校外補導
　　交通安全指導
　　拾得遺失物の管理など

②生徒会部
　　生徒会・児童会の担当

文化祭・体育祭の運営
　　　部活動の管理

　③保健部（健康体育部）
　　　「生活習慣」や「性の理解」等で道徳教育と重なる
　　　養護教諭は普通この部に属する
　　　保健室の管理・運営
　　　身体測定・各種検診の計画・実施
　　　学校医との連絡・調整など

　④進路指導部
　　　在校生の進学・就職活動の支援
　　　在校生の進学・就職情報の収集
　　　卒業生の進路に関する統計
　　　模擬試験・模擬面接の計画・実施など

　○図書視聴覚部
　　　図書室の管理・運営
　　　読書指導、視聴覚器材の管理など

　○人権教育部
　　　人権教育（同和教育）の計画・実施
　　　研修の計画・実施など

　○事務
　　　　施設・設備の管理・営繕、出納、給与管理、福利厚生など。技術職員（用務員）を含む

「生活指導」と「道徳教育」との連携については下記のような指摘がある。

　　生活指導は子どもたちの現実生活にとりくみ、生活へのよりよき適応を助長しようという指導であり、個々の子どもの個人的条件と環境条件との関係

を調整して、よりよい成長発達や自己実現をはかろうとするものである。それはいわば「下からの助成」であり、「いま、ここで」どうするかということが重要な視点となっている。これに対して道徳教育は、むしろ客観的な価値や行動の理想を前提とし、それに子どもたちの生活や行動をひきあげていくという、いわば「上からの指導」であり、「どうあるべきか」ということが重要な視点となっている。前者は現実性、個々性に重きをおき、後者は理想性、一般性が中心となる[19]。

　上記のように教師養成研究会では現実の個々の生徒の実態を踏まえた「下からの助成」としての生徒指導と、理想的で誰にも通用する「上からの指導」としての道徳教育との関係性を整理している。集団として生徒を指導する場合には両方のバランスが重要である。また、子どもたちの置かれている家庭状況によっても「下からの助成」と「上からの指導」のどちらに重点を置くかは微妙に異なる。
　以下、生活指導に関連が深いと思われる「4つの視点」項目のみを参考に抜粋しておく。傍線部は保健指導にも深く関わる項目である。

第1の視点
〔第1学年及び第2学年〕
(1) <u>健康や安全に気を付け、物や金銭を大切にし、身の回りを整え、わがままをしないで、規則正しい生活をする。</u>
(3) よいことと悪いことの区別をし、よいと思うことを進んで行う。
(4) うそをついたりごまかしをしたりしないで、素直に伸び伸びと生活する。
〔第3学年及び第4学年〕
(1) 自分でできることは自分でやり、よく考えて行動し、節度のある生活をする。
(3) 正しいと判断したことは、勇気をもって行う。
(4) 過ちは素直に改め、正直に明るい心で元気よく生活する。
〔第5学年及び第6学年〕
(1) <u>生活習慣の大切さを知り、自分の生活を見直し、節度を守り節制に心掛</u>

けるル。
〔中学校〕
(1) <u>望ましい生活習慣を身に付け、心身の健康の増進を図り、節度を守り節制に心掛け調和のある生活をする。</u>

第2の視点
〔第1学年及び第2学年〕
(1) 気持ちのよいあいさつ、言葉遣い、動作などに心掛けて、明るく接する。
(3) 友達と仲よくし、助け合う。
〔第3学年及び第4学年〕
(1) 礼儀の大切さを知り、だれに対しても真心をもって接する。
(2) 相手のことを思いやり、進んで親切にする。
(3) 友達と互いに理解し、信頼し、助け合う。
〔第5学年及び第6学年〕
(1) 時と場をわきまえて、礼儀正しく真心をもって接する。
(2) だれに対しても思いやりの心をもち、相手の立場に立って親切にする。
(3) 互いに信頼し、学び合って友情を深め，男女仲よく協力し助け合う。
(4) 謙虚な心をもち、広い心で自分と異なる意見や立場を大切にする
〔中学校〕
(1) 礼儀の意義を理解し、時と場に応じた適切な言動をとる。
(2) 温かい人間愛の精神を深め、他の人々に対し思いやりの心をもつ。
(3) 友情の尊さを理解して心から信頼できる友達をもち、互いに励まし合い、高め合う。
(4) <u>男女は、互いに異性についての正しい理解を深め、相手の人格を尊重する。</u>
(5) それぞれの個性や立場を尊重し、いろいろなものの見方や考え方があることを理解して、寛容の心をもち謙虚に他に学ぶ。

第3の視点
〔第1学年及び第2学年〕

(1) 生きることを喜び、生命を大切にする心をもつ。
〔第3学年及び第4学年〕
(1) 生命の尊さを感じ取り、生命あるものを大切にする。
〔第5学年及び第6学年〕
(1) 生命がかけがえのないものであることを知り、自他の生命を尊重する。
(3) 美しいものに感動する心や人間の力を超えたものに対する畏敬の念をもつ。
〔中学校〕
(1) 生命の尊さを理解し、かけがえのない自他の生命を尊重する。
(2) 自然を愛護し、美しいものに感動する豊かな心をもち、人間の力を超えたものに対する畏敬の念を深める。
(3) 人間には弱さや醜さを克服する強さや気高さがあることを信じて、人間として生きることに喜びを見いだすように努める。

　道徳教育としては上記のような内容事項をふだんから子どもたちに周知しておき、具体的に何かトラブルがあれば個々の状況を踏まえて生徒指導や保健室で対応するということになる。
　保健室で個別の対応をする場面の多い養護教諭の場合は、「一人職」「密室での仕事」「プライバシーに関わりやすい」等の授業担当教諭にはない特色があり、道徳のとらえかたも多少異なる場合がある。第4の視点〔中学校〕では、「集団」ということが何度か強調されているが、「集団」に適応しにくい子どもが保健室に来る場合も少なくはない。養護教諭独自の道徳観というものにも配慮する必要がある。

引用文献
1）仙崎武・野々村新・渡辺三枝子・菊池武剋『入門　生徒指導・相談』　福村出版　2000　p13
2）中勘助『銀の匙』岩波書店　1999年改版　p169
3）吉田辰雄『最新　生徒指導・進路指導論』図書文化社　2006　p184

4）仙﨑武「進路指導の本質」『進路指導論』福村出版　1991　p16
5）稲垣應顕　犬塚文雄　『わかりやすい生徒指導論』文化書房博文社　2000　p100
6）白井利明『生活指導の心理学』勁草書房　1999　p167
7）吉田辰雄　前掲書　2006　p184
8）稲垣應顕　犬塚文雄『わかりやすい生徒指導論』文化書房博文社　2000　p100
9）吉田辰雄　前掲書　p184
10）佐藤晴雄『教職概論（第3次改訂版）』学陽書房　2010　p46
11）佐藤春雄　前掲書　p49
12）佐藤晴雄　前掲書　2010　p50
13）日本テレビ『女王の教室　エピソード1』2006　日本テレビ放送網
14）日本テレビ『女王の教室　本編』2005　日本テレビ放送網　p17
15）伊東毅『未来の教師におくる特別活動論』武蔵野美術大学出版局　2011　p169
16）高旗浩志「特別活動の歴史的変遷」『個性をひらく特別活動』ミネルヴァ書房　2001　p76
17）恩田陸『夜のピクニック』新潮文庫　2006　p9
18）恩田陸　前掲書　p24
19）教師養成研究会『道徳教育の研究（新訂修正版）』学芸図書株式会社　2000　p110

補足資料 ── 特別活動の裁判例など ──

　文部科学省が「体育活動中の事故防止に関する調査研究協力者会議」を通じて 2012 年 7 月に報告した「学校における体育活動中の事故防止について」によれば、スポーツ振興センターの災害共済給付件数をみると、死亡・重度の障害事故は、授業よりも運動部活動時に多く発生しており、教育活動別にみた事故件数によると中学校で 58％、高等学校で 61％が運動部活動の事故件数の割合である。「部活動をはじめとする放課後の活動において、事故が起こるケースは少なくない。事故にはならないまでも、教育課程外であり、教師の監督が手薄になることからさまざまな問題が生じている」[1] のである。部活動というのは教員のボランティア的な要素もあり、そこで発生した事故の責任について明確な境界を設けにくい場合が多い。

　部活動中に起きた事故の責任について教員が訴えられ、賠償責任等の発生するケースも少なくはない。一方で、社団法人である日本損害保険協会が 2004 年 1 月に発行した『判例に学ぶ　～学校事故・交通事故の傷跡』によれば、高校の体操部で起きた事故について、「部活動は正課授業と異なり、生徒の自発性・自主的活動を前提とする教育課程外の活動である上、A 君は 16 歳であり、成人とまったく同等とまでは言えないにしても、それに近い判断能力を身につけている年齢であるから、顧問の教員から明確な指導がなくても、自分で危険性を判断して危険から身を守ることができたはずである」との判断を裁判所が示し、結果的に損害賠償額が減額されたケースも紹介されている。

　教科指導以外の領域で子ども同士のあいだで様々なトラブルの起こることもある。部活動の時間帯であっても教員には学級担任の子ども関連の業務や打ち合わせ・保護者対応などの仕事が入ることもある。そうした

ちょっとした隙に部員同士で喧嘩が発生し、けがをした子どもの損害賠償を求められるようなケースでは責任の判断が難しい場合もある。特別活動指導中の教員の責任については社会状況に留意しながら考えなければならない一面もある。

　いじめに関する判例を例にして考察する[2]。

　1986年2月1日、岩手県盛岡駅前のデパートの地下トイレで東京都中野区立・富士見中学校2年生の鹿川裕史君（当時13歳）がビニール紐をフックに掛けて首吊り自殺しているのを同デパートの警備員が発見し、遺書があり、その内容から「いじめ」が原因で自殺したことが判明した。一般的には鹿川裕史君いじめ事件と言われるこの事件において鹿川君は2年生に進級したその前年の4月頃から同学年のツッパリグループに「パシリ（使い走り）」と呼ばれる、いじめの対象となっていた。グループから菓子やジュースを買って来いと強要されたり、学校の校庭で大声で歌を歌わせたり、顔にペンでヒゲを描かれたり「いじめはエスカレート」していった。

　自殺の3か月ほど前の11月には「葬式ごっこ」と呼ばれる事件も起こっている。グループは「鹿川君の葬式」を思いつき、鹿川君の机を黒板の前に運び、机には鹿川君の写真、牛乳瓶に水を入れて花をいけてミカンに線香を突き刺しライターで火を点けた。さらに、このグループは色紙に「さようなら鹿川君」とフェルトペンで書き、同級生らに名前やメッセージを書くことを強要した。F教諭（当時57歳）ら数人の教諭もグループから名前を書いて欲しいと言われて色紙に名前を記載した。鹿川君の忍耐は明らかに限界に来ていたと考えられる。以下は、鹿川君の遺書の内容である。

―遺書―
　家の人、そして友達へ

　突然姿を消して申し訳ありません。
　くわしいことについては○○とか○○とかに聞けばわかると思う

　俺だってまだ死にたくない。だけどこのままじゃ「生きジゴク」になっちゃうよ。
　ただ俺が死んだからって他のヤツが犠牲になっちゃたんじゃいみがないじゃないか。だから、君達もバカな事をするのはやめてくれ。最後のお願いだ。
　昭和61年2月1日　　　　　　　　　　　　　　　　　　　　　　鹿川裕史

（1991年3月27日　東京地裁判決文より）

　1986年3月、東京都教育委員会は担任教諭を諭旨免職のほか6人を処分。4月警視庁と中野署は16人の生徒を書類送検した。9月、グループのリーダ格2人を保護観察処分とした。6月、鹿川君の両親は東京都と区、それに主立っていじめに加わっていたAとBの2人の両親を相手に、2,200万円の損害賠償請求を起こした。9月、東京地裁はAとBに保護観察処分を言い渡している。

　この場で留意しておきたいのは、この事件に対する裁判所の判断である。1991年3月27日、東京地裁はいじめと自殺の因果関係、予見可能性を認めず、いじめの存在そのものも否定する以下の判断を下すのである。

　　これらはむしろ悪ふざけ、いたずら、偶発的なけんか、あるいは仲間内での暗黙の了解事項違反に対する筋をとおすための行動又はそれに近いものであったとみる方がより適切であって、そこには集団による継続的、執拗、陰湿かつ残酷ないじめという色彩はほとんどなかった。

　遺書は自己顕示欲や自己愛的傾向のあらわれとも指摘された。いじめに

関する今日の一般的な感覚から考えると、あまりにも犠牲者に対する配慮のない判決のように感じられる。もちろん判決当時にも世間からの批判はあったが、20年以上経過する過程でいじめに対する社会の評価が厳しくなってきたのだと理解することがきる。1994年5月の東京高裁の判決では都、中野区、同級生2人の4者に1,150万円の支払いが命じられ、遅くとも2学期以降のいじめは明確に認定されるに至るのである。

　この前年の1985年11月東京都太田区立羽田中学校2年生・中田千春君もいじめを苦に飛び降り自殺している。さらに1993年1月、山形の「中学生マット圧死事件」や1994年11月愛知県西尾市の中学校で「同級生にいじめられ110万円以上の現金を取られた」という遺書を残して首吊り自殺した大河内君（中学2年）の事件など「いじめ問題」の犠牲者は続く。

　1998年4月の小森香澄さん（当時15歳）事件ではさらにいじめに関わる判断が厳しくなっている。小森さんは神奈川県立野庭高校（当時）入学と同時に吹奏楽部に入部したが、4月下旬ころから、「アトピーが汚い」などの言葉による「いじめ」を受け、部活動の練習を休んだり、遅刻をするようになる。6月に入り、横浜市青少年相談センターでカウンセリングを受けるとともに、精神科を受診し、「心因反応（うつ状態）」と診断された。

　7月25日、自宅トイレで自殺を図る。救急車で運ばれ、集中治療室での措置を受けたが、翌26日午前中には脳死状態、27日死亡。

　両親の請求の要旨は以下である。

　　女生徒A、B、Cについては、いじめが不法行為（共同不法行為）であるとして、民法709条、719条に基づき損害賠償請求。
　　学校側については、教諭の過失についての県の損害賠償責任（国家賠償法1条、債務不履行）を追及。過失の中身は、①教諭は、A、B、Cのいじめによって香澄さんの生命・身体に対する危険が生じていたことを認識したにも

かかわらず、香澄さんの生命・身体の安全を確保するための措置を何ら講じなかったという安全配慮義務違反、②自殺の原因が学校に起因することが疑われる場合には、自殺の原因を知りたいと思う両親（遺族）に対して、自殺原因を調査し報告する義務があるにもかかわらずこれを怠ったという調査報告義務違反、大別してこの2点。

これに対し、2006年3月28日の横浜地裁判決は以下のようなものである。

　　Aに対して、香澄さんに対する人格権の侵害行為があったとして、不法行為による損害賠56万円を認容。Aの言動と香澄さんの自死との相当因果関係は否定。B、Cについては、実質的に「いじめ」的関係を認めつつも、証拠不十分として請求棄却。

被告神奈川県に対しては、以下の理由により、330万円の損害賠償を命じた。

　　クラス担任・養護教諭は、野庭高校のしかるべき担当者に香澄さんの問題を伝達し、また、野庭高校は組織として、香澄さんの問題を取り上げ、香澄さんの話を受容的に聞いたり助言する、あるいは、被告生徒らの言い分を聞いて助言する、あるいは、生徒全体を相手に注意を喚起する等香澄さんの苦悩を軽減させるべき措置を講ずる必要があった。しかし、クラス担任・養護教諭とも、原告美登里（母親）の訴えを聞いても香澄さんや原告美登里に対する積極的な働きかけはせず、単に、原告美登里から訴えがあった都度その話を聞く程度に終始し、学校当局に対し、香澄さんの問題を報告することもせず、したがって、野庭高校全体としても、何ら、組織的な対応をすることなく終始した。
　　そして、香澄さんが原告美登里に体調不良や被告生徒らの不快な言動を訴えてから、自死に至るまで約3か月が経過し、その間、香澄さんの状態は徐々に悪化していったと見られることや香澄さんの年齢、問題の性質からすると、野庭高校の教員が、5月中旬あるいは6月中旬までに、香澄さんに関し、

適切な措置を講じたら、それにより、香澄さんの苦悩は相当程度軽減されたものと認めるのが相当である。

上記のような理由から野庭高校の教員には香澄さん問題に関し、注意義務違反があるとされた。「組織的な対応」がなかったことや「注意義務違反」が問題とされており、より一層学校の責任が重くとらえられている。

ここではいじめをひとつの例として、学校の責任の重さが社会状況や時代によって変化していることを提示したが、特に特別活動指導中のトラブルについては責任が曖昧な部分があり、判例にもばらつきがある[3]。「日本の教員は教科を教えること以外に、すなわち、特別活動やその他の業務にかなりの労力を割いているといえる」[4]という指摘もあり、日本の教員にとって過剰な負担になっていないのか懸念はある。学校で起こるトラブルの責任を全て教員が負わなければならないような雰囲気が、将来を担う若い教員を萎縮させることにはならないのか、と心配する者の一人が筆者であることを最後に補足しておきたい。

引用文献
1) 伊東毅『未来の教師におくる特別活動論』武蔵野美術大学出版局　2011　p187
2) 以下いじめ事件に関する記述については、武田さち子『あなたは子どもの心と命を守れますか！』WAVE出版　2004年　を参考にした。
3) 児玉悦子・鈴木世津子『学校事故から子どもを守る　判例に学ぶ教師の実践マニュアル』農文協　2006　p181　によれば「熱中症」に関わる判例も次第に教員にとって厳しいものになっている。
4) 伊東毅『未来の教師におくる特別活動論』武蔵野美術大学出版局　2011　p204

あとがき

　教職志望者向けに発行するシリーズも大学教育出版刊で3冊目となる。1冊目の『教職概論・生徒指導論』以来可能な限り新しい教育情勢を取り込んできた。そのため、発行されたばかりの「生徒指導提要」や新しい新聞記事も取り込んで課題としている。2冊目の『教職実践演習』は、多くの大学で本格実施される前に刊行することができた。各大学である程度「さきがけ」的な扱いをされたためか、1年ほどで第2版を発行することができた。3冊目の『道徳教育法・特別活動指導法』は道徳の「教科化」がまさに具体化されようかという時期に出版される。

　2013年2月26日教育再生実行会議では「子どもが命の尊さを知り、自己肯定感を高め、他者への理解や思いやり、規範意識、自主性や責任感などの人間性・社会性を育むよう、国は、道徳教育を充実する。そのため、道徳の教材を抜本的に充実するとともに、道徳の特性を踏まえた新たな枠組みにより教科化し、指導内容を充実し、効果的な指導方法を明確化する」とされ「道徳の特性を踏まえた新たな枠組みにより教科化」という表現で「教科化」が明示されている。2012年衆議院選挙に引き続き2013年参議院選挙でも自民党が勝利したことにより、「道徳の教科化」はいっそう現実的なものになっているといえる。「道徳の教科化」を望む意見もある一方で、実際に道徳教育に関わる者のなかにも道徳教育に「戸惑い」を感じている者がいることには留意しておきたい。

　「崇高なものとのかかわり」に関して道徳教育をはじめようとしたとたん、教育は「教師がよく知っていることがらを、知らない子どもに教える」営みから、「教師もよくわからないことがらを、同じようによくわかっていない子どもに対して、それにもかかわらず何とかして教えようとする」営みへと変容してしまう。つまり、「崇高なものとのかかわり」を教えようとする時、教

育という営みは、通常の教育でイメージされているような「一方から他方への知識・価値の伝達の過程」ではなくなり、教える側も教えられる側も同じような難問の壁にぶつかり、戸惑い、うろたえ、あるいは同じようにダイナミックに生成変容を遂げるような出来事となるのである。

（小野文生「「崇高なものとのかかわり」から考える道徳教育の問いのかたち」岡部美香・谷村千絵『道徳教育を考える　多様な声に応答するために』法律文化社　2012　p 90）

　上記のような指摘や、「ネガティブなものの一方的な排除」「いい子の自己チェックマニュアル」（岩川直樹・船橋一男『「心のノート」の方へは行かない』子どもの未来社　2004）というような「心のノート」への抵抗感にも配慮しながらなんとかここまでたどりついた。「特別活動指導法」も付加する形で日本独自の学校教育活動を1冊にまとめることができたのではないかと考えている。

　授業の場で、様々なコメントを提供してくれた太成学院大学の受講学生の皆さん、いろいろなヒントをいただいた幡中理恵さん、前回に続いて校正で協力いただいた村田弦さん、重ねてお礼申し上げたい。

　また、佐藤守様をはじめ編集の方には、『教職実践演習』第2版とあまり間隔をあけることなく本書を発行することになり、大変なお手数をおかけし、感謝申し上げたい。

平成26年4月

梨木昭平

■著者紹介

梨木　昭平（なしき　しょうへい）

羽衣国際大学准教授
太成学院大学兼任講師
臨床教育学博士
主著：「教職科目「生徒指導論」の臨床教育的意義に関する一考察」
『臨床教育学論集 第4号』2010年
『国語教育とNIE』（枝元一三他との共著）大修館書店　1998年
『教職実践演習 第2版』大学教育出版　2013年
「養護教諭養成課程におけるロールプレーイングについての一考察」『日本養護教諭教育学会誌16号』2013年（幡中理恵との共著）

道徳教育法・特別活動指導法

2014年6月20日　初版第1刷発行

■著　　者──梨木昭平
■発 行 者──佐藤　守
■発 行 所──株式会社 大学教育出版
　　　　　　〒700-0953　岡山市南区西市855-4
　　　　　　電話(086)244-1268㈹　FAX(086)246-0294
■印刷製本──サンコー印刷㈱
■Ｄ Ｔ Ｐ──北村雅子

© Shohei Nashiki 2014, Printed in Japan
検印省略　　落丁・乱丁本はお取り替えいたします。
本書のコピー・スキャン・デジタル化等の無断複製は著作権法上での例外を除き禁じられています。本書を代行業者等の第三者に依頼してスキャンやデジタル化することは、たとえ個人や家庭内での利用でも著作権法違反です。

ISBN978-4-86429-305-1